COMER, JUGAR, REÍR

Jenniffer Weigel

COMER, JUGAR, REÍR

Historias inspiradoras e irreverentes para encontrar el camino espiritual

Título original: *I'm Spiritual, Dammit!*
Traducción: Gloria Padilla Sierra

Diseño de portada: Ramón Navarro
Ilustración de portada: Ramón Navarro
Fotografía de la autora: Brian McConkey

Nota aclaratoria: Aunque se han cambiado algunos
de los nombres de las personas que aparecen en esta historia,
todo lo que se ha escrito en las siguientes páginas es verdad.

© 2010, Jenniffer Weigel
Esta edición ha sido publicada mediante acuerdo con
Hampton Roads Publishing Company, Inc., Estados Unidos.

Derechos exclusivos en español para América Latina
y Estados Unidos

© 2011, Editorial Planeta Mexicana, S.A. de C.V.
Bajo el sello editorial DIANA M.R.
Avenida Presidente Masarik núm. 111, 2o. piso
Colonia Chapultepec Morales
C.P. 11570 México, D.F.
www.editorialplaneta.com.mx

Primera edición: octubre de 2011
ISBN: 978-607-07-0911-1

Impreso en los talleres de Litográfica Ingramex, S.A. de C.V.
Centeno núm. 162, colonia Granjas Esmeralda, México, D.F.
Impreso y hecho en México – *Printed and made in Mexico*

Contenido

CAPÍTULO 1

Están entre nosotros

☞ *Acepta tus dones*

Un anuncio en la Iglesia Católica de Nuestra
Señora de Todos los Santos decía:

La Primera Iglesia Presbiteriana, situada al otro lado de la calle,
respondió el mensaje al anunciar:

—PARECES UN imán para las cosas realmente extrañas —dijo mi
amigo Steve Cochran durante un corte comercial en su programa de
radio. Me entrevistaba por mi primer libro, *Stay Tuned* (Sigue en
sintonía).

—Me gusta pensar que soy una recopiladora de información relacionada con las circunstancias paranormales o metafísicas que
muchos considerarían coincidencias —le respondí—. Pero también
puedes llamarles *cosas raras*.

—Eres como una encantadora de médiums —me dijo.

En cierta forma estaba en lo correcto. Por alguna razón, ahora los perfectos desconocidos se sienten a gusto de contarme sus historias sobre experiencias en las que "ven gente muerta".

—¿Así que crees que te sucede con más frecuencia porque has entrevistado a todos esos médiums y gurús? ¿O le pasa a *todo el mundo* y tú simplemente estás más consciente de ello? —preguntó.

—Creo que es un poco de ambas cosas —respondí.

—Jenny, ¿eres tú? —dijo el hombre frente a mí. Estaba parada en Michigan Avenue mirando *fijamente* a una persona que me parecía un tanto familiar, con la esperanza de acordarme de quién era.

¿De la universidad? No... ¿De la clase de gimnasia de la preparatoria? Para nada... ¿Aventura de una noche? ¡Dios de los cielos!

—¿Sí? —le respondí, sin poder aún ubicarlo.

—Soy James —dijo, como si fuera el único James en el mundo.

James... James... James..., ¡oh, ese JAMES!

Este no era un James *cualquiera*. Era el James que me dejaba muda cuando estaba en cuarto grado. El tipo que me provocaba mariposas en el estómago con una simple sonrisa. El deportista que era bueno en todo y que salía con la porrista. *Ese* James.

—¡Dios mío! —grité—. ¿Cómo estás?

—¡Muy bien! Oye, ¿han pasado, qué, veinte años cuando menos?

No nos habíamos visto desde la preparatoria y ahora estábamos parados en la Milla Magnífica (*Magnificent Mile*), debatiendo dónde sería bueno platicar mientras nos comíamos un *panini*.

—Me enteré de que eras reportera de televisión —dijo, mientras leía el menú.

—Sí. Renuncié a ese trabajo hace unos años, cuando me harté de la negatividad en la sala de prensa.

Nos contamos las cosas básicas: está casado, tiene dos hijos y vive en la Costa Este. Trabaja en el área de tecnología o en alguna cosa que tiene que ver con las computadoras. Le conté que estoy casada, tengo un hijo y vivo en el área de Chicago. Ahora me dedico principalmente a escribir.

—Siento mucho haber oído lo que pasó con tu papá —comentó—. Mis padres me enviaron algunos artículos de prensa cuando murió. Era tan joven.

—Cincuenta y seis años —respondí.

—¿No escribiste un libro? Creo recordar que mis papás dijeron algo sobre eso.

—Sí.

—Es fabuloso. Eres toda una *escritora* —exclamó con gran entusiasmo.

Todo el mundo parece creer que, una vez que escribes un libro, eres alguna especie de experto o que eres rico.

¡Ja!

—Hay días en que me pregunto si haber dejado mi empleo en la televisión fue la mejor decisión —dije—. Estaba ganando buen dinero. Tenía seguro de gastos médicos. Pero no era muy feliz. Simplemente odiaba reportar tragedias y sentía que tenía otras posibilidades, ya sabes.

—Sí, claro que te entiendo —dijo James, mientras tomaba un sorbo de su *martini*—. ¿Pero ahora te está yendo bien, no?

—*¡Por supuesto!* —contesté. Pero eso sólo era cierto en parte. Estaba feliz de no trabajar en el oficio de las noticias y de estar escribiendo, pero como trabajadora independiente nunca sabía cuándo llegaría mi siguiente pago. Me estaba cansando de la angustia que viene con el autoempleo.

—¿Cómo tomaste valor para renunciar? —preguntó James.

Siempre tengo dificultades con esta respuesta porque suena un tanto enloquecida.

—Me lancé en una búsqueda y entrevisté a un montón de médiums y psíquicos después de la muerte de mi papá, y decidí que la vida era demasiado corta como para ser infeliz.

—¿De verdad? —James comenzó a dar mordiscos a una de sus aceitunas.

—Sí. Una de las médiums vive aquí, en Chicago, y empezó a decirme cosas que sólo mi padre sabía.

—¿Y le creíste? —James demostraba un escepticismo comprensible.

—Nunca habría creído nada de esto si no lo hubiera experimentado yo misma —contesté—. No le dije mi apellido antes de acudir con ella, porque no quería que me buscara en Google, y reprodujo una conversación que había tenido con mi padre cuando vivía. Nadie participó en esa conversación, excepto mi papá y yo, así que no sé cómo podría haber obtenido la información.

James parecía interesado.

—Tú eres una periodista. Es probable que sepas cuando te están tomando el pelo. ¿No es cierto?

—Quiero pensar que sí.

Luego nos sentamos un momento. James ordenó otra copa. Ya iba en su tercer trago y sólo habíamos estado allí cerca de cuarenta y cinco minutos.

—He conocido a mucha gente que tiene *dones* que la mayoría de las personas no pueden aceptar o comprender en realidad —continué—. Apenas empiezo a entender que aún no tenemos todas las respuestas. Así que sigo haciendo preguntas.

Parte de mí se sintió como si todavía tuviera dieciséis años, preocupada de que el chico popular de la escuela no me invitara a la fiesta del viernes. ¿Qué pasaría si James pensaba que estaba totalmente loca? Pero entonces noté que algo cobraba sentido para él, como si ahora se sintiera a gusto de contarme lo que estaba a punto de decir.

—¿Sabes? En realidad no hablo mucho de esto, pero he tenido algunas experiencias —señaló.

—¿Experiencias?

—Bueno, en mi caso siempre ha sido con los colores. Veo colores alrededor de la gente —apuntó, casi en un susurro.

—¿Te refieres a las auras? —averigüé.

—Sí, algunas personas les llaman así. Me han ayudado mucho, en especial en los negocios.

¡Dios mío! ¡¿El rey de la preparatoria ve auras?!

—Tomó un sorbo de su coctel para ver mi reacción a sus comentarios.

—Prosigue —dije con una sonrisa.

—Si alguien tiene energía café o gris, no trabajo con ellos —prosiguió—. Si es morada, verde o amarilla, entonces es cosa hecha. Mis amigos más cercanos tienen energía violeta.

James era muy exitoso. Lo que hacía con las tecnologías le había permitido conseguir un puesto muy importante dentro de su empresa.

—¿Durante cuánto tiempo has visto colores y energía? —pregunté.

—Desde que tenía cerca de ocho años —respondió con toda naturalidad.

¡No lo puedo creer!

—Todo es energía, así que todo tiene colores. Incluso los camiones en la calle —dijo, al tiempo que señalaba una camioneta de reparto en el exterior.

—Eso es increíble. ¿Sabes que la gente pasa décadas tomando clases y meditando con la esperanza de poder hacer lo que tú haces de modo natural?

Desde hace años he estado en esta *búsqueda* interna, entrevistando a todos los escritores de lo oculto que pudiera encontrar —intentando con yoga, ejercicios energéticos y talleres de intuición. He estado en círculos de tambores, temazcales, conferencias de espiritualidad, incluso en seminarios sobre ángeles. Y después de todo eso, no puedo ver ningún color. ¡Estaba simplemente harta!

James tomó un gran sorbo de su bebida.

—Entrevisté a una psíquica que se bebía doce cervezas por día —comenté, intentando que la charla fuera más ligera—. Me dijo que eso le ayudaba a acallar su don, porque a veces no quería tener que lidiar con ello.

James soltó una risita nerviosa. Podía darse cuenta de mi preocupación por su costumbre de beber tanto al mediodía.

—He descubierto que existen muchas más personas como tú de lo que pensarías —agregué, intentando hacerle saber que esta cosa de "ver energías" no era una maldición—. Esa capacidad que tienes es algo maravilloso.

James simplemente se me quedó viendo. Me pregunté qué veía.

—¿Ves algún color alrededor de mí?

—Sí. Estás rodeada de amarillo por todas partes —contestó sin dudarlo, como si me estuviera dando el pronóstico del clima.

¿Amarillo? ¿Eso es bueno?

—Pero tienes los ojos un poco tristes —añadió—. Son grises.

Empecé a sentir un poco de angustia de que James pudiera leer también mis pensamientos. Si puede ver auras, quizá también pueda sentir que estoy asustada por mi futuro profesional. Hice mi mayor esfuerzo por ver hacia otro lado y no hacer contacto visual. Al sentir mi incomodidad, cambió rápidamente de tema.

—Cuando hacías obras de teatro en la preparatoria estabas rodeada de amarillo y violeta brillantes —dijo.

—¿Me veías en las obras? —Temí empezar a ruborizarme. Mientras había estado en todas esas producciones teatrales de la escuela, no tenía la menor idea de que un deportista como James se hubiera percatado.

—Por supuesto —respondió—. Tienes un don natural. ¿Alguna vez pensaste en regresar a eso?

Es gracioso que lo sacara a relucir. Acababa de hablar con una de mis amigas sobre convertir mi primer libro en un monólogo femenino. Ese siempre había sido uno de mis sueños.

—Claro que lo he pensado.

—Deberías hacerlo. Cuando te lo mencioné, te iluminaste por completo. Literalmente —rió.

¡Caramba! ¡¿Ahora puede ver que me ilumino?!

—¿Sabes, esa médium de la que te platicaba, que supuestamente vio a mi papá? Bueno, dice que ser intuitivo es como tocar el piano; todos tenemos la capacidad para tocar las teclas, pero algunos sólo pueden tocar "palillos chinos" y otros son como Mozart. Únicamente son niveles diferentes, pero todo el mundo lo tiene. —Sentí que había estado atorada en el modo "palillos chinos" desde hacía un tiempo y que estaba sentada frente a Mozart.

James asintió, pero mis palabras no parecieron tranquilizarlo.

—¿Qué piensa tu esposa sobre tu capacidad para ver colores? —pregunté.

—No hablamos mucho de ello —dijo.

Empecé a comprender un poco más la razón por la que podría estar bebiendo tanto.

Luego del almuerzo, cada quien se fue por su lado. Prometimos mantenernos en contacto, pero yo sabía que eso probablemente no iba a suceder.

—Voy a escribir sobre ti —le dije al momento de despedirnos.

—Bien —respondió—. Pero asegúrate de cambiar mi nombre...

LA SIGUIENTE semana, caminaba con mi hijo Britt cuando se distrajo con los bomberos que lavaban sus camiones en la calle.

—Mami, ¿podemos ver los camones de bombedos? —pidió. Era un caluroso día de verano y estaba extasiado con el bullicio.

—¿Qué tal jovencito? ¿Eres un aspirante a bombero? —preguntó uno de los bomberos. Sostenía una manguera de plástico que le dio a Britt. Así nació el romance entre mi niño de tres años y los camiones ruidosos y de color rojo brillante.

—¡Viva! —dijo Britt, cuando le permitieron tocar la campana.

—Me pareces conocida —dijo un hombre cuyo gafete decía *Danny*, y que se acercó a nosotros.

—¿Sí?

Después de una breve conversación, descubrimos que Danny solía verme cuando era reportera en CBS.

—Creo que mi mamá y tú eran nuestro único público —bromeé. Danny rió.

—Entonces, ¿qué haces ahora que ya no trabajas para CBS?

—Bueno, escribí un libro y doy conferencias.

—¿De qué trata el libro?

Dudé un momento, intentando pensar en una descripción que no pareciera demasiado rara.

—Dejé mi cómodo empleo en la televisión para *encontrarme a mí misma*, después viajé por todo el país para hablar con mi padre fallecido a través de médiums y psíquicos —dije, esperando una reacción más o menos parecida a "Ah, ¿entonces estás loca?".

Danny se inclinó hacia mí y dijo, como si no quisiera que ninguno de los otros bomberos oyeran:

—Jennifer, ¿me harías el favor de pasar un momento a mi oficina?

Miré hacia Britt. Estaba sentado sobre el regazo del bombero Joe, fingiendo que viraba el enorme camión, feliz como una lombriz.

—Yo lo cuido —dijo Joe cuando volteé a mirarlo.

Danny cerró la puerta.

—Desde que tenía cerca de seis años los ángeles me han susurrado al oído —dijo con toda naturalidad.

Miré directamente a sus ojos. Parecía muy sincero. Tenía un rostro dulce y una complexión sólida, como piedra, que es probable que le hubiera permitido levantar un auto, si así lo quisiera.

—¿Ángeles? —pregunté—. ¿Qué tipo de cosas te susurran?

—De todo tipo. Desde "gira a la izquierda en el semáforo" hasta "hoy repórtate enfermo". Los oigo con toda claridad.

Danny prosiguió explicando que, desde su infancia, había recibido la guía de lo que él llamaba *voces de ángeles* y que esas voces nunca le habían mandado en una dirección incorrecta. Incluso le salvaron la vida en varias ocasiones.

—También veo espíritus —añadió, susurrando profundamente—. Un compañero que murió en un incendio camina por aquí todo el tiempo, molestándome —rió—. Cambia el equipo de sitio, y prende y apaga las luces. ¡Pero no puedo contárselo a ninguno de los compañeros porque pensarían que he perdido la cabeza!

Pero a mí sí puedes decirme...

—Voy a traerte un ejemplar de mi libro, Danny —dije—. Creo que te gustarán algunas de las historias que cuento ahí.

Intercambiamos correos electrónicos mientras intentaba despegar a Britt de uno de los camiones.

—Casa no —gritó Britt, como si le estuviera perforando los ojos con un atizador. ¡CASA NO!

UNOS CUANTOS días después, le llevé uno de los libros a Danny; a los dos días ya lo había leído completo. Nos convertimos en amigos por correo, compartiendo historias sobre "coincidencias". Volví a llevar a Britt a la estación de bomberos y nuestras conversaciones prosiguieron.

—Entonces cuéntame de esta señora Therese —preguntó, refiriéndose a una de las médiums del libro. Therese Rowley es una mujer católica, directora de consultoría, que tiene un título de maestría y un doctorado en administración de empresas y que, además, puede leer energías y ver a los muertos. La llamo el "plato surtido", por antonomasia.

—¿Así que es una católica practicante? —preguntó Danny. Él también es católico y estaba preocupado de que esta charla sobre médiums pudiera significar que no le permitieran entrar al Cielo.

—Sí, es muy católica —dije—. De hecho, va a misa casi diario. Es una de once hijos. Puede ver espíritus desde que era muy pequeña. Lo mantuvo en secreto durante años porque es católica. Creo que deberías conocerla, Danny. Le encantaría escuchar tus historias. Los dos tienen mucho en común.

Tiempo después envié a Therese un correo electrónico donde mencionaba a mi nuevo amigo bombero y de inmediato le escribió una nota pidiéndole que se vieran para comer. ¿Se pueden imaginar que fueran una mosca parada en la pared escuchando *esa* conversación? ¡¿Dos católicos practicantes que pueden ver muertos?!

Pasaron unas cuantas semanas y no supe nada de Danny. Le pregunté a Therese si se habían visto para comer y me dijo que habían hecho la cita, pero que él canceló. Le envié un correo a Danny y, después de unos días de silencio, finalmente obtuve respuesta:

—No creo que deba reunirme con ningún médium. Mi sacerdote dice que esas son obras del demonio y por supuesto que no quiero meterme en ese tipo de cosas.

Nunca volví a oír de él.

—¿No se supone que en la Biblia se menciona el tema sobre hablar con los muertos? —pregunté una noche a Therese mientras charlábamos por teléfono. Estaba tan decepcionada de que Danny hubiera tenido miedo de siquiera comer un sándwich con ella.

En ese momento, oí a través del monitor para bebés que mi hijo estaba haciendo ruido.

—Oye, Therese, me tengo que ir. Parece que mi hijo sigue despierto —dije, mientras subía por las escaleras. Cuando entré al cuarto, Britt estaba dando vueltas sobre la cama, mirando al techo y riéndose hacia la nada.

—¿Con quién hablas, mi vida?

Señaló al techo.

—Un señor.

—¿Cuál señor?

—¡Allí! —dijo, señalando de nuevo al aire.

—¿Qué está haciendo?

—Me dio un camón de bombedos —rió.

—¿En serio? Qué bonito. Puedes jugar con tu camión de bomberos en la mañana.

Cerré la puerta y escuché risas por unos cuantos minutos más. Finalmente se quedó dormido.

Al día siguiente, Britt y yo jugábamos en el sótano cuando su pelota rodó debajo del escritorio de mi esposo. Él se detuvo ante el escritorio y señaló hacia una fotografía de mi padre, tomada el día de mi boda.

—Allí está el señor, mami —apuntó.

—¿Cuál señor?

—El que me dio el camón de bombedos —dijo con una sonrisa.

Casi me fui de espaldas.

—¿Ese es el señor que estaba en tu cuarto?

—Ajá —asintió.

Así que, aparentemente, incluso los abuelos muertos pueden llenar de regalos a sus nietos.

—Ese es tu abuelito, cariño —dije, intentando no llorar.

—¿Mi abue?

—Sí. El papá de tu mami. Ahora es un ángel que está en el Cielo.

AL PASO de las semanas, luché conmigo misma preguntándome cómo le iba a contar esto a mi esposo, Clay. Me había mostrado su apoyo cuando me fui de viaje a entrevistar a los médiums para mi primer libro, pero me preocupaba que, si le contaba que nuestro hijo podía ver a los muertos, pudiese pensar que iba a escapar de casa para unirme a algún culto.

Pero las pláticas nocturnas de Britt continuaron…

—¡Déjame ya! —escuché la voz de Britt a través del monitor unas semanas después. Estaba riendo.

Entré a su habitación y él se retorcía como si alguien le estuviera haciendo cosquillas.

—¿Mi vida, qué está pasando aquí? —dije, sentándome en su cama.

—¡Es mi abue! —dijo con una sonrisa.

—¿Tu abuelito está aquí? ¿Qué está haciendo?

—Me da nalgadas —dijo, mientras rodaba hacia un lado para señalar su trasero.

Me quedé con la boca abierta.

Mi padre tenía la costumbre de dar nalgadas a la gente. En especial a sus esposas e hijos. Era su respuesta para todo, desde mostrar afecto hasta evidenciar su molestia. Ya fuera que yo tuviera cinco o veinticinco años, siempre podía contar con que mi padre llegaría por detrás de mí y me daría una nalgada con gran entusiasmo, mientras cantaba: *debe ser gelatina, porque la jalea no se sacude así* [pausa], *¡NENA!* (Usaba una fuerza y volumen particulares al decir "¡NENA!".)

Por cierto que eso fue realmente vergonzoso en mi graduación de la universidad.

—¿Cómo te está dando nalgadas tu abuelito? —pregunté.

Britt me empujó fuera de la cama y se paró detrás de mí.

—Así, mami.

Entonces levantó la mano derecha y procedió a darme una nalgada al *estilo Weigel*.

Mientras sus pequeños deditos me daban un golpe en el trasero, intenté pensar cómo era posible esto. Britt era apenas un niño que empezaba a caminar. Incluso si hubiera escuchado que mami y papi estaban platicando sobre la manera en que el abuelo solía "darnos nalgadas", ¿habría tenido la suficiente inteligencia como para conservar esa información y usarla tiempo después, mientras estaba a punto de dormir?

Papá, ¿cómo puede ser que él te vea y yo no?

¿Quizá Britt escuchó alguna historia cuando mi tío Tony estaba en la ciudad? ¿Quizá era simplemente intuitivo y captaba mi tristeza de que el abuelo no estuviera con nosotros para aprovecharse de la preciosa retaguardia de su nieto?

Fui a mi computadora y, antes de ir a dormir, escribí un artículo sobre el tema para mi *blog*.

Cuando desperté al día siguiente, las respuestas de los lectores comenzaron a fluir como un torrente. Un padre tras otro compartía las conversaciones de sus hijos con "personas muertas". Desde los apodos secretos que salían de los labios de pequeños de tres años que no podrían haberlos sabido, hasta niños de primer grado de primaria que encontraban joyas perdidas por instrucción de una tía muerta, las historias eran extraordinarias.

—Nuestra hija de dos años y medio supo el día que murió su abuela —escribió una mujer—. Antes de siquiera decirle, ella nos miró desde su cuna y dijo: "Ahora mi abue está con los ángeles. Me dijo que su nueva casa es muy bonita".

Empecé a pensar en el bombero Danny y en James: hombres que poseen una capacidad de la que no pueden hablar sin avergonzarse. Me pregunté cuántas otras personas existen por allí que están luchando contra dones que no se les alienta a nutrir. Y cuán diferentes habrían sido sus vidas si ese comportamiento se hubiese considerado "normal".

LA SIGUIENTE ocasión en que llevé a Britt a su cama, resolví explicarle que, sin importar lo que viera, me parecía bien.

—Muchos niños pueden ver ángeles —dije mientras le hacía cosquillas en la espalda—. Incluso algunos adultos.

—¿Tú también? —preguntó Britt mientras se chupaba los dedos.

Eso quisiera

—No, mi amor. Pero la siguiente vez que venga tu abuelito, puedes decirle que le mando un saludo —respondí en tono de broma.

—Ajá —dijo, mientras empezaba a dejarse llevar por el sueño.

CAPÍTULO 2

El poder del individuo

☞ *En todo momento estás donde se supone que debes estar*

La Iglesia Católica de Nuestra Señora de Todos los Santos puso una respuesta para la Primera Iglesia Presbiteriana de la calle de enfrente:

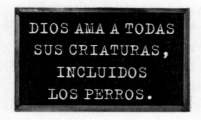

DIOS AMA A TODAS
SUS CRIATURAS,
INCLUIDOS
LOS PERROS.

—¡HOLA, JEN, soy Rafer! —dijo mi hermano al otro lado del teléfono. Rafer había empezado a trabajar como narrador de deportes para HLN en el programa *Morning Express* con Robin Meade. Era una noche nevada de diciembre de 2007 y yo iba en camino a una firma de libros en Park Ridge.

—Acabo de firmar el contrato —gritó—. Es trato hecho. ¡Estoy como loco! Estamos a punto de descorchar el champán.

—Qué bien —dije, intentando fingir emoción.

—¿Y tú que haces?

No sólo estaba perdida, sino que ahora estaba nevando con gran intensidad.

—Oh, tan sólo trato de encontrar la librería Burke's Books para otra firma de libros —contesté, mirando alrededor para ubicar el nombre de la calle—. ¿No quisieras que intercambiáramos de lugar en este momento?

—¿Vas a tener mucho público esta noche?

Mi libro había salido hacía un par de meses, y ya me había cobrado todos los favores que me pudiesen haber debido cada amigo y familiar, obligándolos a acompañarme cuando fue el lanzamiento inicial. En esta fría noche invernal, a mitad de la semana, no invité a nadie.

—Lo dudo mucho —suspiré.

—Bueno, aquí vamos a pasarla bien y te hablaré después —dijo Rafer.

Lancé el teléfono al asiento del pasajero y empecé a compadecerme a mí misma.

¡Si no hubiera renunciado a mi trabajo en CBS, quizá ahora estaría trabajando en CNN! ¡Rafer está sorbiendo champán y yo estoy perdida en Park Ridge, manejando en una maldita tormenta de nieve!

No pasaron más de unos cuantos segundos cuando sonó de nuevo el teléfono.

—¡Hola! —grité mientras encendía el altavoz del aparato.

—Hola, Jen, soy Therese Rowley —dijo la voz—. ¿Qué haces?

Respiré profundamente y exploté.

—¡Dime que tomé la decisión correcta al abandonar mi trabajo en televisión! Estoy conduciendo en círculos y no puedo encontrar la librería. ¡No tengo idea de a dónde voy y acaban de contratar a Rafer para Headline News!

Me esforcé por controlar las lágrimas mientras Therese intentaba apagar las llamas.

—Bueno, lo primero que quiero es que te estaciones. No deberías manejar en esas condiciones —dijo con una voz tranquilizadora—. Estaciónate ahora mismo.

Me acerqué a la acera y puse la palanca de cambios en "park".

—Voy a estar bien. Sólo es que me estoy compadeciendo —respondí.

—Cada uno de nosotros tiene un camino único —dijo Therese—. Tú y Rafer siguen rutas totalmente diferentes. No puedes compararte con él ni con nadie más. Con tu libro, todos los días te acercas a la gente y ni siquiera lo sabes. Tan sólo porque no tienes un trabajo en televisión, con índices de audiencia que te digan cuántas personas están sintonizando tu programa, eso no quiere decir que tú no estés "sintonizada" con el plan maestro que el Universo tiene para ti.

Miré caer los copos de nieve sobre el parabrisas. Al haber detenido los limpiadores comenzaban a bloquear el panorama, pero no me importó.

—Tienes que recordar esto: *en todo momento estás donde se supone que debes estar.* De verdad. Incluso si sólo conmueves a una persona esta noche. Puede ser el propietario de la librería o una persona que esté de compras. Esa persona habrá cambiado por tu causa y eso es tan importante como si hablaras ante millones de personas a través de CNN.

Intenté asimilar lo que Therese me decía. Me había criado en una familia involucrada en los medios de comunicación, donde el éxito se medía por el estatus de la carrera. Mientras crecía, todas las conversaciones durante la cena giraban en torno al listado de logros. Si no tenías nada magnífico que lanzar al ruedo, recibías críticas. Se me hacía difícil pensar que una charla ante *una persona* en Park Ridge pudiera considerarse un "éxito".

—El jardinero es tan importante como Angelina Jolie o como Oprah —continuó Therese—. Sólo el ego humano piensa que una es más importante que otra.

Respiré profundamente.

—Bien —respondí.

—Me gusta llamarle "la oportunidad perfecta y el orden divino". Todo sucede en el orden que se supone que debe suceder —prosiguió—. Repite esto: *en todo momento estás donde se supone que debes estar.*

—En todo momento estás donde se supone que debes estar —dije con un gruñido.

—Ahora ve y diviértete, y luego me avisas cómo te fue —respondió Therese.

Colgué el teléfono y traté de ubicarme. Miré al exterior. Ahora, la vista por el parabrisas era prácticamente nula. Intenté encontrar una indicación; tal vez el anuncio de una tienda. Miré afuera para ver dónde estaba estacionada.

Me había aparcado en el espacio de estacionamiento frente a Burke's Books.

Demonios, esa Therese es buena.

Reuní mis pertenencias y crucé la puerta principal. Al ingresar a la librería, vi que había cerca de treinta sillas vacías colocadas frente a una mesa y un anuncio tamaño cartel con mi libro en exhibición.

—¡Hola! —escuché que me decía una mujer al otro lado del mostrador—. ¿Eres Jenniffer?

—Sí —respondí. Miré mi reloj. Eran las siete de la noche en punto. Se suponía que mi charla empezaría justo a las siete y no había nadie a la vista.

—Me llamo Pat Willoughby. Soy dueña de la librería —dijo, mirando a la sala que estaba vacía—. ¿Invitaste a alguien, verdad? —parecía preocupada.

—*Claro* —mentí—. ¿Quizá el clima los está deteniendo?

Caminé hacia la esquina de la librería y me apoyé en los estantes de libros mientras llamaba a casa. Me puse mi enorme abrigo invernal sobre la cabeza para poder gimotear en privado, pero respondió el contestador.

—Por favor, responde. Clay, por favor, responde. ¡No hay *nadie* aquí! ¡*Nadie!* Si puedes oír este mensaje, arrastra a Britt fuera de la cama y por favor vengan a Park Ridge. ¡Me siento una *fracasada!*

Mi voz parecía un chillido en medio de la nada y sólo escuchaba el silencio al otro lado de la línea. Colgué sintiéndome derrotada, me bajé el abrigo, respiré profundamente y enfrenté la situación.

Muy bien, Jen. Tú puedes. ¿No hay nadie? A quién le importa.

Caminé hacia la mesa y me senté.

No eres una fracasada. En todo momento estás donde se supone que debes estar.

Intenté creer en el mantra que cruzaba por mi mente, al tiempo que acomodaba los libros sobre la mesa, fingiendo parecer ocupada. De pronto escuché que se abría la puerta. Tanto Pat como yo volvimos de inmediato nuestra atención para ver quién llegaba. Para nuestro alivio era un grupo de mujeres.

—Bienvenidas —dijo Pat con una sonrisa. Miré con atención al grupo. No conocía a ninguna de ellas, pero de hecho habían venido a verme.

¡Me salvé!

De manera lenta, pero segura, la gente comenzó a llegar. En los siguientes quince minutos, tenía a más de veinte desconocidos sentados en las sillas, esperando a escuchar mi plática. No era un estadio lleno, pero en definitiva era mejor que una sala vacía.

Miré alrededor y vi a una joven de apariencia dulce que estaba sentada en la última fila. Parecía tener un poco más de veinte años. Había una tristeza en sus ojos que realmente me conmovió y empecé a preguntarme si ella también había perdido a alguien cercano.

Inicié la charla con la historia de lo que *acababa* de sucederme; expliqué que en todo momento estás donde se supone que debes estar. Me preguntaba sobre mis posibilidades y, entonces, de manera mágica, me encontré frente a la librería que no había sido capaz de encontrar en medio de la tormenta. Les conté sobre las dos veces en que me reuní con James van Praagh y sobre cómo viajé hasta un pequeño poblado del estado de Nueva York, llamado Lily Dale, donde ha vivido una comunidad de médiums, psíquicos y sanadores desde finales del siglo diecinueve.

Después de la plática, mientras firmaba libros, la joven que había atraído mi mirada se acercó a la mesa.

—Muchas gracias por esto —dijo, al tiempo que me entregaba un libro para mi firma.

—¿Cómo te llamas? —pregunté.

—Katie. No iba a venir esta noche, pero me alegro de haberlo hecho. Necesitaba reírme un poco —exclamó.

Mientras le firmaba el libro, tuve la extraña sensación de que necesitaba darle mi dirección personal de correo electrónico.

—Éste es mi correo —dije—. Quiero saber tu opinión sobre el libro.

—Bien —respondió, un tanto sorprendida.

Mientras se alejaba, Pat se acercó a la mesa.

—Vaya, no había visto que Katie sonriera desde hace meses —dijo.

—¿Qué le pasó?

—Su papá murió el año pasado, recibió un disparo en la entrada de su cochera, después de que acababa de desayunar con la familia. Era el mejor de los hombres. Todo el mundo lo quería. Fue una situación devastadora.

Pensé en lo trágico que había sido perder a mi padre a causa de un tumor cerebral, pero no podía imaginarme haber estado desayunando con mi papá y que, instantes después, alguien lo asesinara en la entrada de la cochera.

—Todavía no descubren quién lo hizo o por qué —explicó Pat—. Katie es maestra de primaria. Ella y su padre eran muy cercanos. La pérdida le está resultando muy difícil.

—Espero que se mantenga en contacto —respondí.

UN PAR de meses más tarde, mientras revisaba mis correos, vi un mensaje de Katie:

> Después de leer tu libro, ya no sentí que mi papá estuviera fuera de mi alcance. Simplemente tenía que "escucharlo". Eso me conmovió mucho y, en cuanto empecé a pensar de ese modo, fui percatándome de ciertas cosas. Terminé tu libro mientras estaba de vacaciones en Arizona. Salí a un paseo y el guía me preguntó cuál era mi nombre. Cuando le dije que me llamaba Katie, él dijo: "¿Te puedo decir mi pequeña Kate?" Casi me fui de espaldas, porque ése era el sobrenombre que me daba mi padre; *mi pequeña Kate*. Fue como si el tiempo se detuviera y me quedé mirando fijamente al guía, sabiendo que ése era un pequeño mensaje de mi padre. Ahora, cuando he tenido un día muy difícil, pido su ayuda y guía. Muchas veces me pasa que, al fijar la atención en los autos que van frente a mí, distingo el Blazer azul marino de mi papá al frente de la fila.

Luego de unas semanas, Katie hizo una cita con la médium Therese Rowley. Me asombré cuando Katie me contó los detalles de esa reunión.

> Al principio estaba realmente escéptica. Y luego mi papá llegó abriéndose paso de manera repentina. Describió la sala de estar de

la casa y dijo que pasar al "Otro Mundo" era como bajarse de una caminadora elíptica. Tenemos una en la sala y mi padre decía que la
vida es como la caminadora elíptica; te ejercitas y ves televisión y,
cuando termina la vida, simplemente te bajas del aparato. Todavía
estás aquí, pero de un modo diferente. Dijo que puede darme mucha
más ayuda desde el sitio donde se encuentra ahora que si desayuná-
ramos juntos todas las mañanas. Le pregunté a Therese sobre el
hombre que disparó a mi padre, y ella dice que mi papá está trabajando a su favor desde el Otro Mundo. El asesino de mi padre era un
joven que tuvo una infancia de abuso, por lo que no valoraba las
vidas ajenas. Mi papá aseveró que no importaba que atraparan a
este hombre, porque él seguiría tratando de ayudarle a amarse más
a sí mismo. Mi padre era entrenador y siempre trabajaba con aquellos chicos que tenían más dificultades. Es justo lo que hubiera dicho.

*¿Así que, aunque te disparen en la entrada de tu cochera, en todo
momento estás donde se supone que debes estar?*
Katie continuó con su historia:

Mi papá le mostró a Therese una cobija que dijo era un regalo que
yo le había dado (lo cual era cierto), y que debía ponérmela sobre los
hombros como si él me estuviera abrazando. Supe que Therese era
una verdadera médium. No podría haber sabido de esa cobija que le
regalé. O de cómo se ve la sala de mi casa. Simplemente me sentí
mucho mejor al saber que él cuida de mí. Dice que siempre me protegerá.

Por supuesto que Katie preferiría tener a su padre aquí con ella
todos los días, compartiendo el desayuno en la mesa de la cocina,
pero le ha dado cierto alivio pensar que tal vez su padre está más
cerca de lo que ella pensaba.
—Dice que siempre me protegerá —comentó—. Y sé que está cui-
dándome.
Llamé a Therese para hacerle saber que Katie había sacado pro-
vecho de la sesión.
—Se supone que debías ir a esa librería para que conocieras a

Katie —dijo Therese. *En todo momento estás donde se supone que debes estar.* En realidad la *muerte* no existe, porque nadie muere, tan sólo cambia de forma —añadió—. Si nuestra mente pudiera captar esa realidad, estas cosas serían más fáciles de entender para nosotros, ¿no crees?

Recordé las palabras de James van Praagh cuando lo entrevisté varios años antes: "Los vivos tienen muchas más dificultades con la muerte que los muertos. Es como si estuvieran en la habitación contigua".

AL MES siguiente estaba dando una plática ante trescientas mujeres, y conté la historia de Katie. Después, mientras firmaba libros, una mujer se me acercó y dijo:

—Conozco a Katie y a su familia. Mi hijo y ella eran novios durante la época en que mataron a su papá.

Me tomó un momento darme cuenta de lo extraño que era todo esto; estábamos cuando menos a cien kilómetros del área de Chicago, ¿y una mujer entre la multitud conocía a una de las personas que mencioné en mi plática?

—Le diré que usted le envía saludos —dije. No estaba en contacto frecuente con Katie, pero el hecho de que esa mujer la mencionara me hizo sentir la necesidad de enviarle un correo electrónico al llegar a casa.

Cuando ingresé a mi computadora esa noche, me sorprendió encontrar que Katie se me adelantó y me había enviado un correo. Decía que estuvo de visita con su abuela paterna y las *coincidencias* continuaron.

> Le conté a mi abuela que te conocí y leí tu libro. Ella me sonrió y fue a un cajón. Sacó una fotografía de mi padre cuando tenía cerca de veintitrés años, en la que se le veía mientras estaba recibiendo un autógrafo de *tu* papá en una de sus presentaciones. No podía creer que mi abuela hubiera sacado una fotografía de nuestros padres, justo después de que acababa de hablar de ti.

Así que, en apariencia, mi papá y el papá de Katie son amigos en el Cielo.

CUANDO LLEGÓ el momento de promocionar mi libro en la Costa Oeste, mi primera escala fue en San Diego. Había visitado esa ciudad varias veces para reunirme con Bill Gladstone, mi agente literario, y ahora me había pedido ser oradora en una conferencia llamada "101 Powerful Women... and a Few Good Men" (101 mujeres poderosas... y unos cuantos hombres buenos).

—Hablarás durante cerca de veinte minutos, y luego ponemos tus libros sobre la mesa para que puedas venderlos —dijo Bettie, la autora a cargo de la conferencia.

Invité a Therese para contar con compañía. Ella estaba en proceso de sacar su propio libro y se reuniría con Bill para discutir los detalles. Era una maravillosa excusa para que ambas trabajáramos y nos divirtiéramos al mismo tiempo.

Inicié la mañana con una entrevista en una de las televisoras locales.

—Siéntese aquí, señorita Güi-gal, alguien la llevará al set cuando se acerque su segmento —dijo una mujer, mientras me llevaba a la salita de espera. Era muy divertido estar del otro lado de este proceso de entrevista. Durante años, yo era la persona en el programa matutino que intentaba alardear de mis supuestos conocimientos en alguna conversación con un escritor. Ahora estaba sentada en la salita de espera, con siete cirqueros que aguardaban para dar volteretas y montar un monociclo en el set de *Good Morning San Diego*.

*¿Y dejé mi salario de seis cifras por **esto**?*

En el curso de unos minutos me llevaron al plató, donde el titular del noticiero y una de las presentadoras estaban sentados.

—Así que, Jenniffer, cuéntame sobre tu libro —dijo el titular, mientras estudiaba sus notas.

Pronto me percaté de que ni siquiera abrió mi libro, cosa que me parecía bien. Antes había estado en su posición, así que intenté facilitarle las cosas.

—En pocas palabras: renuncié a mi trabajo en los medios de comunicación para entrevistar a algunos gurús espirituales, médiums y psíquicos, y luego escribí un libro humorístico acerca de mis experiencias —respondí.

—Momento —dijo la presentadora—. ¿Renunciaste a tu empleo en los medios en *Chicago*?

Los ojos del hombre se abrieron por completo. Parecía que el tema despertaba su interés.

—Yo creo que hay algo atrayente en todo esto —señaló.

—¿Te parece? —respondió la presentadora.

—Sí —prosiguió—. No solía creerlo, pero cuando trabajaba en una televisora de Indiana la policía nos pasó el dato de una psíquica que había ayudado en muchos casos de personas desaparecidas. Así que mi camarógrafo y yo fuimos a entrevistarla sobre una noticia en la que trabajábamos...

Se inclinó sobre la mesa y su tono se volvió grave.

—Era una dulce viejecita de cabellos blancos. Pero cuando regresamos a la estación y metimos las cintas para verlas, la mujer ya no era la misma persona que habíamos entrevistado...

¡¿Cómo?!

—Era una anciana mujer indígena. Lo juro por Dios; el camarógrafo y yo nos quedamos allí sentados, frotándonos los ojos. Habíamos entrevistado a una persona y en la cinta aparecía otra totalmente diferente. Fue la cosa más loca que he visto en mi vida. ¿Eso es imposible, no? —preguntó, como si buscara confirmación.

Para ese momento, la presentadora tenía el mismo semblante que si hubiera visto un fantasma. Ésta no era su conversación típica de "preludio para la entrevista".

—Yo estaba tan azorado que guardé las cintas en un armario, bajo llave, y nunca las volví a ver. Desde entonces no volví a hablar de ello.

La presentadora finalmente intentó recuperar la compostura al acercarse el coordinador del estudio.

—Vamos, jóvenes. Salimos en 5 - 4 - 3....

ESA TARDE, Therese y yo nos encaminamos a la conferencia. Al sentarnos a una mesa para esperar que los oradores principales empezaran, me percaté de que Therese trataba de fijar la vista en algo.

—¿Qué pasa? —pregunté.

Señaló a una pareja de ancianos que estaba sentada frente a nosotros.

—Esos dos están emitiendo una gran cantidad de luz. Es como si fueran ángeles o algo por el estilo.

Su nivel de emoción era como si hubiera visto una gran celebridad en la sala. Como si dijera:

¡DIOS MÍO! ¡Es Brad Pitt!

Therese giró la cabeza, la movió hacia atrás y adelante, y comenzó a exhalar. Miré alrededor para asegurarme de que nadie estuviera viéndonos. Hacía esa especie de "resoplidos y exhalaciones" cada vez que entraba en contacto con la energía de otra persona. Eso estaba muy bien cuando se trataba de una sesión, pero es un tanto perturbador si no se sabe por qué pasa o si uno se encuentra entre montones de desconocidos dentro del público.

—¿Te sientes bien? —le susurré. Therese nunca hablaba de sus dones. Por el contrario, los mantenía muy ocultos, porque proviene de una enorme familia católica. Pero de vez en cuando se le olvida que el resto del mundo *no puede* ver rayos luminosos que salen de la cabeza de otra persona.

—¿No lo sientes? —preguntó, entrecerrando los ojos de nuevo.

Mmm... Para nada.

—Tengo que averiguar quiénes son —dijo Therese.

En ese momento, alguien se acercó al micrófono para anunciar al orador principal: Millard Fuller. Millard era el fundador de Habitat for Humanity y del Fuller Center for Housing. Él y su esposa eran la resplandeciente pareja sentada delante de nosotros.

Therese continuó exhalando profundamente mientras él se levantaba de su asiento. Caminó con soltura hasta el podio y volteó hacia la concurrencia. Millard era alto y majestuoso y, mientras nos narraba su historia de fe, me tuvo totalmente hipnotizada. Había dedicado toda su vida a construir casas para quienes las necesitaban. Cada vez que enfrentaba retos en su camino, mágicamente recibía la guía de una persona que ayudaba a su causa. Dijo que era Dios quien le señalaba el camino.

—Lo he dejado en manos del Señor y Él siempre me ha indicado el sendero correcto —declaró.

Muy seguido he sentido rechazo hacia las personas demasiado religiosas. En mi experiencia, su actitud suele ser sentenciosa o de superioridad. He sabido de varias personas que se negaron a leer mi primer libro porque afirman que alienta las "obras del Demonio" al hablar sobre médiums y psíquicos. Pero la fe de Millard era el total opuesto. No la imponía a los demás. Simplemente estaba compartiendo cómo le había impulsado a servir a otros. Su interminable fe le hacía levantarse por las mañanas, sostenía sus laboriosos días de trabajo y le garantizaba una buena noche de sueño. Sentí una enorme envidia ante su completa confianza en la presencia de Dios. Su energía era tan vigorizante que deseaba secuestrar a Millard Fuller y llevarlo conmigo a casa.

—Es como un ángel guardián —le dije a Therese.

—No me sorprende que resplandezca —respondió.

DESPUÉS DEL receso para el almuerzo, fue momento de que los demás oradores hablaran. Vi que la lista de ponentes contenía cuando menos a cincuenta personas.

—¡Qué barbaridad! ¿Esta conferencia va a durar hasta medianoche? —susurré.

Me senté, intentando hacer cálculos dentro de mi cabeza, y rápidamente me di cuenta de que se habían excedido en el número de oradores. No había modo alguno de que todos pudiéramos hablar ni siquiera por cinco minutos, no digamos veinte.

En los ojos de la organizadora vi que el pánico empezaba a crecer mientras cada conferenciante subía al estrado. De manera lenta, pero segura, fue acortando el tiempo de cada uno de ellos. Primero se redujo a quince minutos, luego a diez y finalmente a cinco.

Cuando llegó mi turno, una mujer me tomó del brazo mientras me dirigía al podio y susurró: "No te pases de tres minutos, cariño".

¡TRES MINUTOS! ¡Volé hasta San Diego por tres inmundos minutos!

Examiné a la enorme concurrencia y comencé a sentir pánico. Vi a Millard Fuller. Acababa de conmover al público hasta las lágrimas, y ahora yo tenía 180 segundos para tratar de hilar una idea coherente.

Cuando llegue al podio, me quedé en blanco. Finalmente, pude expresar algunas palabras, pero no tengo idea de qué salió de mi boca. No sentí que fuera muy esclarecedor. Al bajar del escenario, pasé volando junto a mi mesa y me encaminé al baño. Fui directo al último cubículo, cerré la puerta y me senté en el retrete.

Hice el ridículo. No lo puedo creer. Simplemente hice el ridículo ante toda esa gente.

Mientras tomaba un trozo de papel para secarme los ojos, oí que alguien entraba al baño. Seguí el ruido de los tacones que caminaban de un lado al otro. Se detuvieron frente a mi cubículo.

—¿Es usted Jenniffer Weigel? —dijo una voz al otro lado.

¿Uno ya no puede llorar a gusto en el baño?

Intenté recobrarme lo suficiente para responder.

—¿Quién quiere saber? —pregunté mientras me limpiaba la nariz.

—Me llamo Barbara. Hoy te vi en *Good Morning San Diego*. Nunca vengo a este tipo de conferencias, pero tengo que contarte algo.

Me soné la nariz y abrí el cubículo.

Cuando menos ALGUIEN estaba escuchando.

—Es muy amable de tu parte —le dije.

Extendió la mano para saludarme.

—Permíteme que me lave las manos —respondí.

—Lo que dijiste sobre mantener los ojos abiertos para detectar signos y señales de nuestros seres queridos que han muerto, eso realmente me tocó una fibra sensible —dijo—. Mi papá acaba de morir hace poco y a últimas fechas he estado muy alterada por ello. Nunca veo *Good Morning San Diego*. No tengo nada contra el programa; en general no me da tiempo en las mañanas, pero algo me dijo que lo encendiera cuando empezaba tu entrevista —explicó, tratando de tomar aire—. Después del programa fui a la oficina y un pajarito me siguió al interior del edificio. Nunca antes había entrado un ave dentro de nuestro consorcio de oficinas, pero allí estaba, posado en mi despacho mientras yo recogía mis cosas. Al irme, intenté atraparlo y ni siquiera trató de soltarse. Simplemente me dejó tomarlo en mis manos. Caminé hacia fuera con el pajarito y, al abrir la mano para dejarlo volar, se quedó posado sobre mi dedo. Tan sólo se quedó mirándome. ¡No podía moverme!

Ahora la mujer estaba a unos diez centímetros de mi nariz. Prácticamente podía saborear lo que había comido en el desayuno, pero no me atreví a interrumpirla. No podía parar.

—La cosa es que mi papá era un apasionado observador de aves. Siempre las estaba estudiando y señalándome los diferentes tipos. Ése era su principal interés. Ésta era un ave canora pequeña, una de las favoritas de mi papá. Simplemente supe que era mi papá. Nunca se me hubiera ocurrido *pensar* eso si no veo tu entrevista esa mañana. Sólo se me habría hecho raro que un pájaro volara hasta el interior de mi oficina, pero ahí hubiera quedado el asunto. —Sus ojos comenzaron a llenarse de lágrimas—. Gracias, Jenniffer Weigel, por abrir mi mente a recibir ese pequeño mensaje.

Cuando regresé a mi asiento, compartí ese encuentro con Therese.

—¿Ya ves? Sólo se necesita una persona. No tienes idea de cuánto cambiará esto su recorrido por la vida. *En todo momento estás donde se supone que debes estar* —afirmó.

Esa noche, mi agente literario organizó a un grupo grande para la cena en el que incluyó a los Fuller. La principal finalidad de la reunión era platicar con Millard para tratar de convertir la historia de su vida en una película. Había un director, un escritor y algunos posibles inversionistas. La esperanza era que, a través de nuestros diversos contactos, pudiéramos conjuntar lo necesario para convertir ese proyecto en una realidad.

Todo el mundo se la estaba pasando bien; sin embargo, me di cuenta de que la esposa de Millard parecía intranquila. Resultó que ella estaba teniendo problemas con la posibilidad de exponerse a la luz pública si esta película se convertía en una realidad. Millard dijo que el principal asunto era que la película debía enfocarse en primer lugar a su fe en Dios.

—Sin Dios, yo no estaría aquí —expresó.

Vi que el escritor giraba los ojos hacia arriba. Era un tipo de Hollywood y de ninguna manera era fanático de la religión. No quería que le ordenaran cómo escribir el guión de una película, pero escuchó las inquietudes de Millard. El director también metió la cuchara y la conversación empezó a volverse un tanto acalorada. Al escritor del guión le preocupaba que centrar tanta atención en la religión pudiese desencantar a los cinéfilos "no cristianos". Millard insistió en que Dios debería tener el papel estelar y no él mismo.

La esposa de Millard habló de su preocupación sobre estar en el ojo público. Resulta ser que, en sus años jóvenes, Millard se había desviado del buen camino dentro de su matrimonio. No obstante, por medio de la fe y de la determinación, los Fuller permanecieron juntos.

Yo no dije gran cosa durante toda la cena, pero me sentí impulsada a intervenir.

—¡Vaya, Millard, me alivia saber que eres humano! —interpuse. Millard me vio y soltó una verdadera carcajada. Su esposa sonrió.

—Tú y tu esposa son una inspiración. En mi familia, mis padres se volvían a casar cada siete años —dije—. Creo que si enfocan el argumento en la relación que ustedes tienen, extendiéndose en cuanto al amor que han compartido en los tiempos buenos y malos, ésa sería una película ganadora de premios.

Al salir del restaurante un par de horas después, Millard se acercó para despedirse.

—En verdad espero que se me pegue parte de tu *fe* y de tu *confianza* —comenté.

—Jovencita..., he decidido que realmente me simpatizas —dijo Millard con una sonrisa.

—Y yo también he decidido que me agradas mucho, Millard.

Le di un ejemplar de mi libro.

—Millard, esto no implica presión para que lo leas, pero quiero que lo tengas —dije.

—¿Está firmado?

—¡Por supuesto!

—Bien —sonrió.

Levantó los brazos y me dio un fuerte abrazo.

DESPUÉS DE llegar a casa desde California, sonó el teléfono. Era mi madre.

—¡Tuviste un gran público y mucho éxito en la Costa Oeste?

—El viaje fue increíble —comenté—. Mi discurso no fue exactamente lo que esperaba, pero la gente con la que hablé pareció entusiasmada.

—Oh, eso es maravilloso, querida —respondió.

Reí entre dientes, recordando a la mujer que me había seguido al baño.

—Estaba exactamente donde debía estar. Me alegra haber ido.

Después, ese mismo día, me sorprendió ver un correo electrónico de Millard, que me esperaba en mi bandeja de entrada.

Estimada Jenniffer:

¡Ah..., qué agradable fue conocerte!, estar contigo y con todas esas maravillosas personas en la conferencia del pasado viernes. Realmente me causaste una gran impresión. Eres una persona extraordinaria.

Gracias también, Jenniffer, por darme un ejemplar de tu nuevo libro. Ya empecé a leerlo y veo que está muy bien escrito. Estoy seguro de que será un éxito en el mercado.

Si viajas por esta parte del país, espero que vengas a visitarnos. Por favor, ten la seguridad de que encontrarás una cálida bienvenida.

Te envío mis mejores deseos.

Cordialmente,
Millard Fuller

Capítulo 3

Críticas, una rata y grandes falos

☛ *No lo tomes a título personal*

La Primera Iglesia Presbiteriana respondió
a Nuestra Señora de Todos los Santos,
al colocar en su tablero de anuncios:

LOS PERROS NO
TIENEN ALMA.
ESTO NO ESTÁ
SUJETO A DEBATE.

—¡Estoy en la *desbaladilla* grande! —gritó Britt con orgullo mientras jugábamos en el parque.

En realidad, mi hijo empezó a hablar hasta el día que cumplió tres años. Pasó de la mudez a la incapacidad para callarse. Aunque se ha vuelto muy platicador, todavía no tiene claras algunas de las consonantes. Confunde las "P" con "F" y las "R" con "D". En la mayoría de los casos, puedo discernir lo que quiere decir, si tengo un poco de paciencia. También se le raya el disco si quiere que las cosas sean de cierto modo y repite todo cien veces, con la esperanza de lograr que le entiendan.

—No me quiero ir, mami —dijo con un suspiro.

Siempre era difícil que Britt quisiera irse de su parque favorito de los "camiones de bomberos", en especial porque había encontrado un palo que quería llevarse. Como ya tenía toda una colección de un

35

kilómetro de varas en el patio, rechacé su petición y lo senté en el asiento del coche.

Allí es donde comenzó la diversión.

—No, mamá. ¡Quiedo mi falote!

Como es obvio, yo sabía lo que estaba diciendo, pero lo gritó a todo pulmón mientras intentaba colocarle el cinturón de seguridad, de modo que estábamos dando un espectáculo para la concurrencia del parque.

—Mami, ¿dónde está mi falo? ¡Dame mi falote! ¡Quiedo mi falote! ¡Dámelo!

Me empecé a reír con tanta intensidad, que casi no pude abrocharle el cinturón. Miré sobre mi hombro, con la esperanza de que nadie más nos escuchara, e hice contacto visual con una mujer que hubiera podido matarme con la mirada. Cubría los oídos de su pequeña de tres años y sacudía la cabeza con gran desaprobación.

Primero que nada, quería decirle a esa tipa que mejor se buscara alguien que le enseñe un poco de sentido del humor. No estábamos molestando a *nadie*. ¿Qué importaba si su hija oía la palabra "falo"?; dudo mucho que supiera lo que significa. (¡Y si lo sabe, entonces su mamá no me debería estar juzgando!)

Pensé en caminar hasta ella y darle el discurso de "¿quién te crees para mirarme con ojos de pistola?".

Entonces pensé en don Miguel Ruiz.

No lo tomes a título personal.

Hace varios años entrevisté a don Miguel Ruiz y eso realmente cambió mi vida. Don Miguel estaba de paso por Chicago para promover la edición de bolsillo de su libro de gran venta, *Los Cuatro Acuerdos.* De ellos, uno que siempre parece saltarme a la mente dentro de mi vida es "no lo tomes a título personal".

—La reacción de otra persona hacia ti no tiene nada que ver contigo —me dijo—. Si estás haciendo tu mejor esfuerzo y estás adoptando una práctica espiritual, no tiene que ver con tu persona. No tenemos la menor idea de lo que pasa por la mente o el cuerpo de otro individuo.

Cuando me convertí en madre, esta filosofía realmente me tocó a otro nivel.

—Todos queremos controlar a nuestros hijos o, incluso, a nuestros padres —dijo don Miguel—. Cada uno es responsable de su propia vida y no de la de los demás. Es como si estuviéramos haciendo una película y necesitáramos escribirla, conseguir el elenco y dirigirla. Las personas que están dentro de nuestra vida son sólo actores que representan un papel. Sólo *tú* puedes decidir qué pasa en la historia de tu vida.

Ahora que era madre de un niño de tres años, me costaba mucho trabajo aceptar que yo era simplemente alguien contratado para el papel de mamá de Britt. (Por cierto, en la versión fílmica me gustaría que Jennifer Garner me represente...) Quería asegurarme de que Britt estuviera seguro en todo momento y ayudarle a tomar las decisiones correctas. ¿Eso es muy malo?

—Lo único que podemos hacer es enseñar con el ejemplo. Aquellos que nos rodean observarán cómo vives tu vida, y la esperanza es que quieran imitar ese comportamiento —dijo don Miguel.

Si yo le pegaba de gritos a esta mujer en el parque, es probable que ése no fuera un brillante ejemplo para que mi hijo lo "imite".

No lo tomes a título personal.

Quizás esta mujer no había visto ningún "gran falo" durante largo tiempo y estaba amargada. Quizás su perro acababa de morir.

O quizás es tan sólo una perra bravucona de primera.

Sin importar la razón, no era algo con lo que quisiera enfrentarme. Me apresuré a subir al automóvil con mi hijo, que estaba sumamente molesto e iba aumentando el volumen, y empecé a alejarme.

—¡Mi FALOTE! Mami, ¿dónde está mi falote? ¡DAME MI FALOTE! ¡MIIIIIIIII FALOTE!

Sé que este es un humorismo muy barato, pero caramba, cuando tienes a una persona en miniatura que está diciendo palabras de adulto a todo volumen, es para morir de risa.

Llamé a mi esposo Clay para informarle dónde estábamos, pero no contestó. Hice mi mejor esfuerzo para dejarle un mensaje.

—Estamos saliendo del parque... *¡DAME MI FALOTE!* Mmm, Britt está un poco molesto... *¡MI FALOTE! ¡MI FALOTE!*

Llegamos a casa, pero no creo que Britt haya tomado un respiro durante los siete minutos que tardamos en llegar. Intenté contar el número de veces que dijo "falo", pero detuve la cuenta luego de veintisiete.

Cuando salió al patio para jugar con los otros "falos", pronto olvidó el que había dejado en el parque.

Pero horas más tarde, mientras le leía un cuento después de bañarlo, me miró a los ojos y me recordó con un susurro que se acordaba de todo.

—Mami, ¿mañana podemos ir pod mi falote? ¿*Pod favooood*?

¿Cómo podía negarme? Había dicho "*pod favooood*".

LA NOCHE siguiente iba a dar una charla sobre mi libro en el centro de la ciudad y, por alguna razón, estaba un poco nerviosa.

—¿Por qué estás nerviosa? —preguntó Clay.

—No lo he hecho durante un tiempo —le respondí.

Cuando llegué, habían acudido cerca de cuarenta personas para la charla. Me sentaron a un extremo del salón y me pidieron que hablara durante más o menos cuarenta y cinco minutos. Después habría una sesión de preguntas y respuestas. Luego de acomodarme en mi asiento, empecé a narrar historias del libro y me percaté de una mujer sentada en la primera fila. Tenía los brazos cruzados y una terrible expresión arisca en el rostro.

—El famoso autor James van Praagh me contó que en realidad el infierno no existe, sino que está en la tierra —dije.

—¡Sí, claro! —soltó la mujer.

Me dejó muda por un instante con su comentario, pero continué.

—Dice que nuestra experiencia en el más allá refleja la manera como éramos en la tierra, así que si eras un asesino de masas, no te codearás con los santos, como mi abuela Ginny —proseguí—. Pero afirma que tienes una especie de "revisión de tu vida" en la que literalmente ves y sientes cada emoción que tuviste alguna vez. Es como revivir tu vida en un instante. Así que, dependiendo de cómo trataste a los demás, eso puede ser el cielo o el infierno.

—Aaaargggh... —dijo la mujer. Era una especie de gruñido combinado con un sonido gutural.

¡Por Dios! Tengo enfrente a una alborotadora.

Antes he tenido enfrente personas que tienen reacciones ante mis pláticas, pero nunca han sido tan expresivas.

No lo tomes a título personal.

Miré al resto del público e hice contacto visual con una mujer sentada cerca de la última fila que mostraba una gran sonrisa. Continúe con la charla y dirigí casi cada palabra a su rostro cordial y generoso. La desagradable mujer de la primera fila continuó haciendo ruidos, pero elegí no centrarme en ellos.

La reacción de esa loca no tiene que ver contigo. Puedes tolerarlo.

No permitir que los graznidos de esa mujer me desviaran de mi charla fue un excelente ejercicio de disciplina; estaba determinada a seguir adelante.

Después de la sección de preguntas y respuestas, me acerqué a la sonriente mujer del fondo y me presenté.

—Hola —le dije—. Quería agradecerle por sonreírme; realmente me ayudó a lidiar con la alborotadora de la primera fila —expliqué.

—¿La alborotadora? Yo no escuché nada —respondió.

Vaya. ¿Estaba tan atenta a lo que yo estaba diciendo, que nunca escuchó a la escandalosa?

—Me llamo Mary Ellen —continuó, mientras me tendía la mano—. Tengo que decirte que te escuché en la radio en el programa de *Eric y Kathy*. Nunca vengo a estas cosas, pero tenía que conocerte y contarte lo que me pasó.

—Es un gusto conocerte —contesté—. ¿Qué fue lo que te pasó?

—Estaba conduciendo mi auto y un halcón descendió en picada, voló justo frente a mi parabrisas, y escuché una voz que decía *"enciende la radio"*. Nunca escucho radio, pero siempre he pensado que los halcones son una señal de mi padre muerto, así que hice caso a la voz y encendí la radio. En ese preciso instante, Eric te estaba entrevistando y tú hablabas de tu padre muerto y de tu libro. Pensé: "¡qué coincidencia!". Muchas de las cosas que dijiste me parecieron lógicas, así que escribí la dirección del sitio donde hablarías hoy, y ¡aquí me tienes! ¿Me firmarías estos? —pidió, mostrándome una pila de libros.

Debido a que no tomé las cosas a título personal y no me enfoqué en la persona desagradable a quien no le simpatizaba, pude abrir los ojos a toda la sala y apreciar al resto del público.

—Has sido lo mejor de la noche —dije a Mary Ellen, mientras firmaba sus libros.

—¿Jenniffer? —desde el otro lado de la sala oí la voz de una mujer que intentaba llamar mi atención—. Quiero invitarte a nuestra sesión espiritista el siguiente jueves por la noche.

Volteé y vi a una mujer obesa, con ojos ansiosos, que se me acercaba.

—Te doy mi tarjeta —dijo, mientras me la entregaba—. Canalizo espíritus —susurró.

—Oh, ya veo —respondí.

—La siguiente semana estaremos canalizando a los fantasmas de Marilyn Monroe y Thomas Jefferson —prosiguió con un semblante serio—. Queremos conocer su opinión sobre la situación mundial. Realmente creo que lo disfrutarías.

Esto tiene que ser una broma.

—Muchas gracias —le dije, intentando no reír. Miré a mi derecha e hice contacto visual con mi amiga Laura, quien se acercó y susurró a mi oído:

—Bienvenida al *lado oscuro* del Otro Mundo...

La canalizadora se alejó.

—¿Por qué yo? —pregunté a Laura.

—Oye, estás hablando de contactar a tu padre muerto. ¿Por qué no integrar en tu siguiente libro a algunos muertos famosos? —bromeó—. Marilyn Monroe sería fabulosa.

Miré alrededor. Unas cuantas personas a las que invité no asistieron. Una de ellas era alguien con quien había intentado hablar desde hacía meses, pero siempre cancelaba de último minuto.

—¿Dónde está Deb? —pregunté a Laura.

—No estoy segura —respondió.

Al día siguiente platicaba por teléfono con una amiga mutua y finalmente soltó la sopa acerca de Deb.

—Deb tiene problemas con el contenido de tu libro —dijo.

—¿Problemas?

—Sí. Con todo eso de los médiums. Va en contra de sus creencias cristianas.

No lo tomes a título personal.

Envié un correo electrónico a Deb para intentar explicarle que si en realidad era creyente en Jesús, un hombre que no juzgaba y estaba lleno de amor, quizá ella podría imitarlo y hacer lo mismo, mostrándose como una amiga solidaria.

Pasaron las semanas y nunca volví a oír de ella. Intenté *no* juzgarla. Después de todo, eso era precisamente lo que yo pedía de ella, ¿no? Sin embargo, siempre que venía a mi mente, me sentía muy enojada.

Un día salí a correr para descargar mi enojo, pero tenía dificultades para quitarme la idea de la mente.

¿Quién se cree para suponer que su modo de pensar es el único correcto? ¿Por qué es tan necia e intolerante? ¡Es tan superficial!

Después de correr durante un tiempo, pero aún furiosa por mis pensamientos, me percaté de que no me sentía nada mejor que antes de haber salido. Mi energía negativa me había dejado agotada. Entonces saltó a mi mente una conversación que tuve con Deepak Chopra.

—Ve a todas estas personas que protestan a favor de la paz y están tan enojadas como la gente que está luchando en las guerras. Las emociones tienen energía. Tienes que partir desde una perspectiva de compasión y perdón o nunca podrás encontrar la neutralidad.

—¿Pero cómo puedo encontrar compasión, cuando en verdad creo que alguien está siendo irracional? —pregunté.

—Decir "tengo la razón y tú no" resulta contraproducente —advirtió Deepak—. Cualquier juicio, sin importar de qué lado de la cerca te encuentres, sigue siendo un juicio. Tienes que asegurarte de que todas tus palabras, todas tus acciones y todos tus pensamientos estén llenos de energía amorosa. Esto causará una onda expansiva en el flujo de conciencia en general. Así es como logras provocar un cambio.

—¿Cómo puedo sentir amor en vez de enojo?

—Debes reconocer el enojo. Éste puede dar origen al cambio. Pero muchas personas se quedan en estado de enojo y eligen no seguir adelante. Es en ese momento donde causa más daño que bien.

Traté de tener pensamientos compasivos acerca de Deb.

Te agradezco de antemano, Universo, por ayudarme a sentir la gracia y el perdón.

Una vez conocí a un terapeuta que me dijo que la mejor manera de sentir compasión por alguien que te provoca enojo es imaginarlo como un aterrorizado niño de cinco años en su primer día de clases en el jardín de niños. Es difícil que uno se vea gritándole a un niño tembloroso. Dado que todos tenemos algún tipo de temor y herida que proviene de nuestra infancia, esta visualización me ha ayudado a mantener la ecuanimidad en muchas ocasiones. ¿Tienes a un jefe maldito? Imagínalo sin amigos durante un paseo escolar. ¿Un exnovio ruin? Quizá se orinó en los pantalones durante el recreo y no ha podido superarlo. Nunca conocemos la profundidad de las heridas del otro. Ésa es la razón por la que *nunca deberías tomar nada a título personal.*

—Has hecho todo lo que puedes con el asunto de Deb —dijo mi amiga—. Quizá no seas capaz de anular décadas de condicionamiento y creencias.

Gracias por ayudarme a sentir gracia y compasión cuando pienso en Deb. Y por ayudarme a no tomarlo a título personal.

—¡ME DIERON UN TRABAJO! —grité. Acababa de abrir un correo electrónico donde me confirmaban una filmación en San Francisco y quería que Clay, que estaba en el sótano, supiera las buenas noticias.

—¡Gracias a DIOS! —gritó desde abajo. Habían pasado un par de meses muy flojos y nos acababa de llegar la cuenta para el pago de impuestos.

Miré al teléfono y vi que tenía un mensaje. Cuando lo revisé, oí que era mi agente de locución con *más* buenas noticias.

—Hola, Jen, soy Susan. ¿Puedes acudir mañana a una sesión de locución para Duncan Hines en el centro?

¡Carajo!

Mi filmación también estaba programada para el día siguiente.

—Ahora sí, "llovió sobre mojado" —dije al responder su llamada. ¿Qué hacemos?

—Voy a ver si es posible que programemos esta sesión a una hora suficientemente temprana por la mañana para que puedas hacer ambas cosas, ojalá consigas un vuelo más tarde —dijo—. ¡Es un comercial para televisión nacional, así que no querrás perdértelo!

—¿Para televisión nacional? —respondí con voz entrecortada.

La diferencia entre un demo y un comercial nacional es..., bueno, *enorme*. Un comercial para todo el país, que se proyecta durante varios meses, puede representar con facilidad un pago cercano a las seis cifras. Un demo paga unos cuantos cientos de dólares.

—No te preocupes, cambiaré el vuelo —comenté—. ¡Gracias!

Colgué el teléfono y entré a internet para ver si podía cambiar mi boleto.

—No he conseguido un solo trabajo de locución en meses —dije más tarde a Clay—, ¿y ahora tengo dos trabajos para el mismo día? ¡Dios mío!

El único vuelo que podía tomar para llegar a tiempo a mi grabación en California era a las 11:30 a.m. La sesión de Duncan Hines era a las 9 de la mañana.

—Prometieron que saldrías de allí a las diez —dijo Susan.

Esto se va a poner complicado.

EL COMERCIAL era para una mezcla de bizcochos de chocolate para microondas.

"Los nuevos Warm Delights de Duncan Hines...".

El texto rezumaba delicioso chocolate, que fue justo como lo leí en la audición. Así que hice lo mismo cuando llegamos a la sesión de grabación.

—Bien, pero, ¿puedes decirlo con un poco más de entusiasmo? —se oyó la voz de la productora a través de los altavoces. Al otro lado del vidrio podía ver cómo fruncía el ceño con desaprobación al escuchar las primeras tomas.

—Nuevos Warm Delights de Duncan Hines... —dije, con el asomo de una mayor sonrisa en mi voz—. No puedo esperar a que estén listos. —Hice varias tomas de corrido.

La productora miró al hombre sentado a su izquierda. Conversaron por unos cuantos segundos. Ella se inclinó hacia delante y pulsó el botón para hablar.

—Bien, todavía no la siento convincente. Es demasiado sexy. En realidad no quiero que sea sexy —dijo.

Me imagino que con términos como "chicloso" y "pegajoso" debí haberlo sabido.

—Voy a tocar la música para que puedas tratar de encontrar el sentimiento apropiado —comentó—. Quiero que esta mamá sea alguien con quien la gente se pueda identificar.

—Muy bien, Jenniffer, aquí va la música —dijo el ingeniero de sonido mientras oprimía algunos botones.

Me senté y escuché la alegre tonada que podría haber sido la canción de inicio de una de las caricaturas favoritas de mi hijo. Así que *no* tan sexy.

Miré mi texto y volví a leer la descripción de la voz: "Sexy, seductora".

Alguien en la jerarquía de mando quería una vampiresa, pero no era mi trabajo averiguar quién.

—Muy bien. Eso me ayudó mucho —concluí—. Ahora entiendo.

—Aquí vamos —dijo el ingeniero—. Toma cinco.

Hice varias tomas. Fueron de lo más animadas. Esperaba que fueran del agrado de la productora. La observé mientras escuchaba la reproducción, y sonreía de oreja a oreja.

—Me parece bien. Creo que lo tenemos —indicó.

Miré al reloj. Eran las 9:40. Si aprobaban la grabación, estaría de camino al aeropuerto en cuestión de minutos.

Fabuloso.

—Sólo vamos a pasarlo al jefe para su aprobación —dijo.

Esperé mientras conseguían que el jefe se pusiera al teléfono. Por casualidad, estaba en San Francisco. Se había levantado mucho más temprano para aprobar el comercial, porque yo tenía que tomar un vuelo, y no estaba nada feliz.

—Déjame oírlo —gruñó, sonando como si apenas estuviera despierto.

—Nuevos Warm Delights de Duncan Hines...

Mi voz sonaba como la de una animadora deportiva que hubiera tomado demasiado Red Bull.

Hubo una larga pausa después que terminó la grabación y luego oí:

—¿Quién es esta mujer? ¡No lo quiero *así*! Esta señora suena como si condujera una camioneta familiar. Estos son pastelillos de chocolate, ¿sí? ¡Quiero que sea chocolate sexy y delicioso! ¡*No* quiero una mamá que lleva a sus hijos al juego de futbol!

La productora parecía molesta y avergonzada al mismo tiempo.

—¡Ya entiendo! —dijo. Te volveremos a llamar en unos minutos.

Colgó el teléfono y se tomó la cabeza con las manos en actitud de frustración. Se inclinó hacia el micrófono y pulsó el botón para hablar.

—Por ahora vamos a regresar a la actitud sexy —suspiró.

Al tipo de San Francisco no le gustaba mi "mamá animosa", y a la productora no le gustaba mi "mamá sexy". No había modo de ganar.

Jen, no lo tomes a título personal.

—Nuevos Waaarmmmm Delights de Duncan Hines... —dije, llenando de "sensualidad" tanto el postre como mi voz. Sonaba tan ridículo con la simplona musiquita de fondo, pero yo no estaba allí para discutir. Tenía que tomar un avión.

—Así está bien —dijo el hombre cuando le volvieron a llamar.

¡¿Así está BIEN?!

Vi el reloj. Eran las 10:10.

Salí volando del estudio y paré un taxi en Michigan Avenue.

—¿Qué tan rápido puede llegar a O'Hare? —pregunté al taxista.

Básicamente di "luz verde" al chofer para que manejara como loco; nunca estuve tan aterrada en toda mi vida. Me coloqué el cinturón de seguridad y recé.

Te doy gracias anticipadas por ayudarme a llegar a mi vuelo... Gracias anticipadas por ayudarme a llegar con vida.

Llegué al aeropuerto O'Hare a las 11:05. Por suerte no registraría equipaje, pero de todas maneras necesitaba recoger mi pase de abordar. Cuando traté de imprimirlo en el kiosco, apareció un mensaje en la pantalla que decía: "Por favor, acuda a la puerta de acceso para que le asignen asiento". No podía cruzar por la puerta de seguridad, a menos que tuviera el pase de abordar. Fui a buscar a un agente de boletos, pero la fila tenía veinte personas. De modo que hice algo que todo el mundo odia cuando está en fila: fui hasta el primer puesto.

—Disculpe, pero mi vuelo sale en veinticinco minutos, y no pude imprimir el pase en el kiosco —dije a la agente de boletaje, que se negó a quitar la vista de la computadora.

—No puede colarse —gritó un hombre muy enojado desde algún sitio en la fila.

—Mi vuelo sale en veinticinco minutos, ¿no puede ser un poco flexible? —le grité. Él simplemente frunció el ceño y miró a otra parte.

La agente dejó salir un largo suspiro y me pasó un trozo de papel.

—Le di un asiento, pero tiene que apurarse. ¿Me entiende? De todas maneras tiene que pasar por seguridad y luego tiene que caminar hasta la explanada C. No se detenga para ir al baño —dijo, casi como un regaño.

—Gracias —contesté, mientras que le arrancaba el pase de abordar de las manos.

¿Alguna vez han visto a esas personas que corren frenéticamente por el aeropuerto, como la familia de la película *Mi pobre angelito*? Siempre me dieron lástima, al suponer que sólo son desorganizadas o algo por el estilo.

Gente tonta, con los abrigos aleteando por todos lados, mientras intentan no tropezarse en las pasarelas en movimiento...

Nunca volveré a burlarme de ellas.

Ahora iba a plena carrera, pero en vez de zapatos deportivos, llevaba botas negras de tacón alto y un lindo vestido. (Iba directo a una filmación, ¿recuerdan?). En el camino dejé caer mi *US Weekly* y un Kit Kat, pero a menos que fuera mi licencia de manejo o mi pase de abordar no me importaba. Llegué hasta la puerta cuando estaban a punto de cerrar.

—¡Por fin está aquí! —dijo la sobrecargo.

—Sí... Uj... Ah..., ya llegué —contesté jadeante.

Fui la última persona en abordar el avión. Mientras me dejaba caer en mi asiento, estaba sudando. Estaba muy avergonzada hasta que respiré el olor del señor sentado junto a mí, quien seguramente no se había bañado durante los últimos diez años.

¿Cómo puede ser que no tome a título personal el hedor de este hombre?

Luego de casi treinta y cinco minutos de vuelo, me di cuenta de que el tipo era en realidad una mujer.

AL ARRIBAR a San Francisco llamé a Susan para avisarle que había llegado a tiempo a la filmación.

—Me da gusto saberlo —dijo—. Pero me temo que tengo malas noticias.

—¿Malas noticias?

No. Hoy no. Por favor, no me des malas noticias. Estamos en temporada de buenas noticias. ¿No te llegó el memo?

—¿Me quitaron el papel?

—No, no es eso.

¡Gracias, Dios!

—Pero después de todo sí era un demo. Yo estaba equivocada.

El estómago se me fue a los pies.

—¿Todo este estrés..., por trescientos dólares? —dije, con una voz que se iba haciendo más pequeña.

—Oye, cuando menos son trescientos dólares —respondió, intentando ser positiva.

No lo tomes a título personal.

—Es tan difícil tomar una actitud mística cuando acabas de ver que varios miles de dólares salen volando por la ventana —comenté a mi productora cuando llegué a la filmación—. Ese comercial hubiera podido pagar el seguro médico de toda mi familia, cuando menos por un año.

—Ya saldrán más —dijo.

—Así lo espero.

JEN, MANDA ahora mismo un correo electrónico a Jan y Kevin.

Estaba sentada en mi auto cuando me llegó el *chispazo* de que necesitaba enviar un correo a unos colegas.

Jan era una de las directoras en el *Chicago Tribune* y habíamos estado analizando la posibilidad de hacer un programa de radio que ayudara a integrar a algunos de los escritores del *Chicago Tribune* dentro de WGN Radio. Ahora yo trabajaba como redactora para la comunidad de *blogs* del *Tribune* y, por haber sido presentadora radial durante diez años, pensaba que se podría lograr cierta sinergia entre la letra impresa y la radio. Kevin era el director de programación de WGN radio. Tomé mi BlackBerry® y empecé a escribir una nota para ambos.

—¿Están libres el viernes para hablar sobre un programa para radio?

Luego de unos segundos, me llegó una respuesta de Jan.

—Estaba sentada en una junta con Kevin cuando llegó tu correo y literalmente estábamos hablando de ti. ¡Sorprendente!

Jan era mi amiga, así que no pensé que pudiera inventar algo así. Luego de unos minutos, llegó un correo de Kevin.

—Apenas estaba hablando con Jan sobre ti. Sí, vamos a platicar. *¡Es cosa del destino!*

Los tres hicimos planes para vernos en un restaurante y, luego de seis martinis y seis horas, nació la idea de un programa de radio.

—Necesitas mujeres en esa estación —expresé—. Constituimos la mitad de la población y no tienes una presentadora mujer en la estación número uno de Chicago.

Kevin acababa de despedir a las únicas presentadoras en toda la ciudad, así que tenía la idea de que, de origen, no era un fanático de las mujeres.

—¿Quizá podría ser una pareja de presentadores, con un hombre? —dijo Kevin.

Ya me lo imaginaba.

PASARON UN par de semanas y mis correos electrónicos a Kevin y Jan no recibían respuesta. Luego descubrí la razón.

—Oye, Jen, ¿supiste del programa de radio que van a lanzar en WGN la próxima semana? —escudriñó mi amiga.

Decidieron continuar con el programa, pero contrataron a un anfitrión *masculino* totalmente diferente.

—Realmente hicimos lo posible —escribió Jan en un correo—. Kevin insistió en ir en otra dirección.

—¡*Odio* este negocio! —grité a Clay cuando le conté la noticia—. Es otra vez igual que con el programa de televisión.

—Creo que el programa de televisión fue peor —respondió—. Mucho peor...

—JEN, SOY Marc. ¿Puedes acudir a una junta de exposición de proyecto este miércoles en Nueva York? —decía el mensaje en mi correo de voz. Marc era un productor amigo mío e íbamos a proponer mi programa de telerrealidad a una cadena interesada.

De inmediato entré a internet y solicité una habitación en el sitio web de un hotel. No podía creer lo económico que era, considerando su ubicación.

—Es justo en el centro —dije emocionada a Clay.

Muchas cosas dependían de esa junta. Si todo salía de acuerdo con lo planeado, sería la anfitriona, productora ejecutiva y creadora del concepto, lo cual básicamente significaba que recibiría tres salarios.

Y por último...

Al llegar al hotel, muy pronto me di cuenta de por qué era tan económico. El calentador de mi habitación no sólo estaba roto, sino que parte del metal estaba doblado *hacia el interior* del cuarto, de modo que podía verse, de hecho, el centro de Manhattan. Ah, falta añadir que era febrero y estaba nevando.

—No tenemos otras habitaciones —dijo el empleado de recepción—. Usted solicitó el cuarto a través de otro sitio web, no con el nuestro. Ése no es nuestro problema.

—Pero me voy a congelar —le grité.

—Le podemos dar cobertores adicionales —respondió con un tono de "estás frita".

Tomé los cobertores y los retaqué en el orificio del calentador, con la esperanza de eliminar por lo menos el viento que entraba al cuarto.

—¿Por qué no tratas de encontrar otro hotel? —preguntó Clay cuando llamé a casa para darle noticias mías. Ya era tarde y quería centrar mi atención en la junta.

—Necesito dormir un poco —dije, al tiempo que colgaba.

Hacía tanto frío que casi podía ver mi aliento. Luego escuché un fuerte golpeteo que provenía del calentador, seguido de un golpe seco. Los cobertores que había metido en el agujero se habían caído al piso.

¿Qué demonios?

Giré hacia la mesita de noche y encendí la lámpara.

¡DIOS MÍO!

En el borde de la ventana estaba una rata neoyorquina del tamaño de cualquier mapache, y me veía derecho a los ojos. Aparentemente, yo estaba en *su* cuarto. Quedé tan azorada que no pude siquiera gritar. Tan sólo permanecí congelada. Me recordó el momento de la película *Ratatouille* cuando el chef se percata por vez primera de la rata que está haciendo sopa en un restaurante de París.

¡¿Qué estás haciendo aquí?!

Localicé el teléfono y llamé a la recepción. No recuerdo con exactitud qué dije, pero estoy bastante segura de que las palabras "de mierda" y "rata" salieron a relucir en algún momento. Por alguna razón, quise ponerme las botas de inmediato. No sé por qué, pero pensé que los zapatos de tacón alto podían utilizarse como arma en caso de que la rata me atacara.

Mientras intentaba tomar lentamente mis botas, la rata y yo permanecimos fijas en una guerra de miradas. No se había movido un centímetro desde que encendí la luz. Podía ver que respiraba con intensidad por la rapidez con que se movía su estómago. Me coloqué las botas y, con cuidado, me puse de pie sobre la cama, lista para lo que pudiese venir.

Era algo digno de verse: con mis pantaloncillos de futbol de 1992 (con todo y agujeros y cintura desgarrada), mi camiseta del campeonato mundial de los Chicago Bulls (también de principios de los noventa) y mis botas de cuero negro que subían hasta las rodillas. Me sostuve en pie sobre la cama, vestida con mi espantoso conjunto, durante siete largos minutos, mientras esperaba que viniera la ayuda. Sentí que pasó una eternidad. Al tiempo que intentaba no parpadear, me pregunté por qué estaba pasando esto. Si realmente se suponía que *en todo momento estamos donde se supone que debemos estar,* ¿qué propósito tenía estar parada sobre la cama, con una rata que se burlaba de mí? Quizá ésta era una advertencia o algún presagio de cómo sería mi junta matutina. ¿No se suponía que debiera estar en Nueva York? ¿En qué parte del plan divino entra esto?

Finalmente escuché un golpe en la puerta.

—Pase —dije.

En cuanto se abrió la puerta, salí corriendo al pasillo. El botones entró a la habitación y la gorda rata saltó de nuevo al orificio del calentador por donde había entrado. Estuve un rato en el pasillo bailando la danza de "qué asco", con la esperanza de sacudirme cualquier "bicho en forma de rata".

—¡Dios mío, qué asquerosooooooooooo! —grité.

El botones empacó mis cosas y se reunió conmigo en el corredor. Era la una de la mañana y nos dirigimos a otro cuarto.

—Pensé que no había más habitaciones —dije.

—Supongo que encontraron alguna —contestó.

Mientras esperábamos el elevador, me di cuenta de que me observaba de arriba abajo.

—No tuve tiempo de coordinar la ropa —gruñí como respuesta.

El elevador subió lleno de turistas borrachos. Esperaba que estuvieran demasiado ebrios como para notar mi ropa o el ungüento contra el acné que cubría toda mi cara.

Nos bajamos en el último piso.

—Vaya, el *penthouse* —bromeé.

—Sí —me dijo.

¿Cómo?

Caminamos por el pasillo hasta la única puerta que estaba a la vista.

—Esto es todo lo que tenemos —comentó, colocando la llave en la cerradura.

—Pues qué buena suerte tengo —dije en tono de broma.

Era toda una suite completa, con cocina, comedor, sala y una recámara gigantesca. Podría haber hecho acrobacias en este lugar.

—Avísenos si necesita algo más —indicó el botones, mientras colocaba mi equipaje en la recámara.

Es verdad que en todo momento estás donde se supone que debes estar.

La junta del día siguiente con los productores de telerrealidad salió bien. Resultó que mi historia sobre la rata sirvió en gran medida para romper el hielo e iniciar la conversación. Me invité a mí misma a un espectáculo de Broadway y, de camino al hotel, me detuve en una tienda para comprar un *bagel* y una minibotella de champán, para celebrar. Mientras me servía una copa, pensé en cuánto habría querido contarle a mi papá lo que me había sucedido.

—Dios, espero que salga este trabajo —dije al cuarto vacío—. Por favor, papá, ayúdame a conseguirlo. Sabes que me hace falta.

Encendí las velas que encontré en el comedor y me senté en el sofá.

No puedo creer que tenga este enorme penthouse *para mí sola.*

Miré por la ventana la nieve que caía sobre Manhattan. Justo entonces, tuve la sensación de que mi padre estaba junto a mí. Era como si estuviera en la *suite* conmigo.

¿Estás aquí, papá?

—Papá, si estás aquí, apaga esta vela —dije mientras veía hacia la vela que tenía enfrente.

Mantuve la vista fija en la vela y, luego de unos segundos, la llama se apagó.

¡Dios mío!

Fui a verificar si había dejado abierta una ventana. No. Las otras tres velas de la habitación seguían ardiendo con luz brillante.

—Si *realmente* eres tú, apaga otra vela —demandé.

Miré directamente las velas y nada se movió. Podía imaginarme a mi padre girando los ojos al cielo ante mi petición: "¿Acabo de apagar una maldita vela y ahora quieres *dos*? ¡Vaya que sales costosa!".

En silencio, di un sorbo a mi champán y fijé la vista en las demás velas hasta que me fui a la cama.

AL REGRESAR de Nueva York, durante varias semanas no volví a escuchar de los productores que acababa de conocer. Después de algunos meses, un día encendí la televisión y descubrí que *mi* programa estaba al aire, con un presentador diferente y con otro nombre.

¿Qué DEMONIOS pasa aquí?

—Explícame por qué está bien lo que están haciendo —le pregunté a Marc cuando le llamé para contarle que nos habían robado nuestro programa.

—Eso pasa todo el tiempo en este negocio —me dijo—. Es de lo peor, pero pasa. Simplemente no era nuestro momento.

No lo tomes a título personal.

LA LECCIÓN espiritual más difícil para mí hasta el momento es no tomar las acciones de los demás como una agresión personal. Y vienen en todas formas y tamaños, desde una mamá enojona en el parque hasta el productor egocéntrico de Nueva York.

—Quizá sólo significa que hay grandes cosas que me esperan en el futuro —le dije a Therese un día cuando hablábamos por teléfono.

—Si estuvieras produciendo ese programa de televisión, no habrías tenido el mismo recorrido espiritual —contestó.

—Sí, pero hubiera sido realmente rica —bromeé.

—Tu abundancia vendrá de otras maneras —respondió—. Y tu riqueza provendrá del interior.

CAPÍTULO 4

Cardenales, sueños y carne de gallina

🎵 *Debes estar pendiente de las señales*

La Iglesia de Nuestra Señora de Todos los Santos
respondió a la Primera Iglesia Presbiteriana,
colocando en el tablero el siguiente anuncio:

> LOS PERROS
> CATÓLICOS VAN AL
> CIELO — LOS PERROS
> PRESBITERIANOS PUEDEN
> CONSULTAR CON
> SU MINISTRO.

—Hola, mi vida, soy tu mamá —oí la voz de mi madre a través del contestador. Empezaba todos los mensajes diciendo lo mismo, casi como una canción, con su voz que subía y bajaba por toda la escala musical como la soprano que alguna vez fue. Tomé el teléfono mientras ella continuaba—. Quiero que enciendas el canal 11 en este momento, ¿sí? Está Wayne Dyer. Sacó un nuevo libro, *Excuses Be Gone* (Basta de excusas).Creo que realmente tienes que oírlo.

Mi mamá siempre me avisaba sobre cualquier gurú o consejero espiritual que saliera en televisión. Si le contaba sobre algún autor al que hubiera entrevistado, en su opinión ésas eran "prédicas". Pero si ella lo veía por PBS, era *sagrado*.

—Creo que será inspirador para ti, cariño —dijo.

Mamá también estaba obsesionada con enviarme los avisos de empleo. Aunque su intención era buena, gritaría si encontraba en mi bandeja de entrada otro correo electrónico de Craigslist.

—Eso es lo que deberías estar haciendo con tu carrera, mi vida. ¿Cómo podrías conseguir uno de esos programas?

En algún sentido, mi madre pensaba que todo lo que necesitaba hacer para conseguir una serie en PBS era levantar el teléfono y pedirlo.

—También eres escritora. Y eres mucho más divertida que Wayne Dyer —dijo.

—No es tan fácil, mamá.

Puse el programa con Wayne y lo primero que le escuché decir fue: "Toda excusa que te des representa una desalineación".

Tomé una pluma y escribí.

Excusa = Desalineación.

—Gracias, mamá —dije, mientras me apuraba a colgar—. No puedo verlo en este momento. Me tengo que ir.

— ¿Ah, sí? ¿Qué vas a hacer? —indagó, probablemente con la esperanza de que mi respuesta fuera: "Tengo una entrevista con CBS para recuperar mi viejo empleo". Aunque mi mamá apoyaba mis decisiones, seguía teniendo dificultades para comprender por qué había abandonado un trabajo bien pagado y con beneficios en una cadena de televisión. (De hecho, la mayoría de la gente se lo pregunta.)

—Tengo otra plática en Woodstock —respondí.

La librería en el centro de Woodstock organizó un evento de "cena-charla y firma de libros con Jen" en el restaurante italiano local. Setenta mujeres acudirían para compartir la lasaña y una conversación sobre temas espirituales.

—Muy bien. Diviértete mucho, mi amor —dijo mamá antes de colgar.

Mientras hacía el recorrido de hora y media hasta Woodstock, sonó mi teléfono móvil. Vi el identificador de llamadas y descubrí que era de nuevo mi mamá.

—Sí, mamá —contesté.

—¿Sabes qué, cielo? He estado pensando en todo esto. Olvídate

del especial en PBS. Lo que realmente necesitas es regresar al teatro —anunció.

Primero lo había traído a colación mi viejo amigo James y ahora
lo decía mi madre. Por coincidencia, acababa de reunirme con un
actor amigo mío llamado Stef, para discutir la posibilidad de hacer
mi monólogo con una nueva compañía teatral en Chicago.

—Mamá, no he estado en teatro hace más de diez años —respondí.

—¡Y qué!. Hablas ante el público todo el tiempo. Es como estar
en el escenario.

—Es que no sé si ahora cuento con el tiempo para hacerlo.

—Oye, acuérdate de Wayne Dyer. —Ahora mi mamá me lanzaba
al rostro las palabras del famoso escritor—: Cualquier excusa representa una desalineación.

*¿En realidad me estoy dando excusas? Es cierto que he estado muy
ocupada.*

—Si realmente quieres hacerlo, hija, encontrarás el tiempo —dijo.

—Gracias, mamá.

—Y te acabo de mandar un vínculo sobre un trabajo para el
"puesto de presentadora" con QVC.

—¿QVC? Mami, no quiero vender joyería con Joan Rivers —respondí suspirando.

—Bueno, bueno. Sólo intento ayudarte —contestó, poniéndose a
la defensiva.

—Lo sé. Y te lo agradezco. Luego te hablo.

Colgué el teléfono y empecé a sobreanalizar las cosas.

*¿Por dónde podría empezar? ¿Stef era en realidad la persona que me
podría ayudar? ¿Seré capaz de poner un espectáculo? ¿Qué tal que no
es tan bueno?*

Empecé a desconectarme mientras conducía y miraba hacia los
maizales, al tiempo que continuaba con mi monólogo interior.

¿Puedes darme una señal de si se supone que debo hacer ese espectáculo?

Woodstock está metido en medio de un área llena de granjas y me
estaba aproximando a mi destino. Adelante noté un anuncio espectacular con un hombre sentado en el asiento de un avión, promoviendo una aerolínea.

¡¿STEF?!

No podía creer lo que estaba viendo. Una versión tamaño gigante de mi amigo me veía desde arriba. Éste era el mismo que me había alentado a poner mi monólogo en el teatro. Casi me salí de la vía. Levanté el celular y le llamé de inmediato.

—¿Estás en un espectacular? ¡¿En el anuncio de una línea aérea?! —grité.

—Bueno, sí. No lo he visto todavía —respondió—. ¿Por qué?

—Acabo de ver uno. ¡Estaba pidiendo al cielo que me dijeran si debería poner mi obra con ustedes y luego vi el anuncio! Y allí estás, en un *avión* a punto de *despegar*. ¡Viéndome directamente!

Me encantó el simbolismo de "despegar" y "emprender el vuelo".

—¡Entonces vamos a poner la obra! —le oí reír.

Después de la charla en el restaurante, una mujer a la que nunca había visto se me acercó y dijo:

—Jenniffer, ¿alguna vez has pensado en poner una obra con un monólogo?

Cuando una persona me dice algo que he estado pensando, lo considero como un *susurro en mi oído*. Cuando dos personas lo sacan a relucir, es un *golpecito en el hombro*. Si llega una tercera vez, entonces es como un yunque contra la cabeza que me indica que necesito ponerme en marcha.

Creo que voy a hacer una obra de teatro.

Escribir la obra no era tan fácil como lo había pensado. Pasé de una fecha límite a otra, aunque yo misma las había impuesto. El reloj seguía su marcha y yo tenía escritas dos páginas. Cada vez que me sentaba a escribir en la computadora me topaba contra un muro.

Los días se convirtieron en semanas, y los ensayos ya estaban a punto de iniciar. El problema era que no tenía un guión.

Papá, necesito una señal. ¿Dónde está mi cardenal?

James van Praagh me contó que es frecuente que nuestros seres queridos vengan a nosotros en forma de criaturas silvestres o que nos visiten en sueños. Mi papá siempre se me aparecía como un cardenal rojo brillante. En general veía uno cuando necesitaba un pequeño recordatorio de que mi padre no estaba muy lejos.

Mi papá murió el Día del Padre en 2001. Todos los años la fiesta cae en diferentes días, pero siempre en un domingo. Cuando papá murió, era el 17 de junio. En 2008, el Día del Padre también cayó en 17 de junio. Ese día yo estaba pasando por el peor bloqueo para escribir, así que decidí sacar a pasear al perro para ver si eso aclaraba mi mente.

Daba caminatas todo el tiempo, pero en general sin mi perro, Max. Mi esposo y yo lo rescatamos de un refugio para animales y, aunque es adorable, es un completo asco como pareja de caminata. Se especializa en atacar todo aquello que se mueva y tira de la correa hasta casi ahogarse. Es muy incómodo. Pero ese día en particular, sentí la necesidad de compañía y Max era la única disponible.

Después de que Max tiró de mí durante un rato, llegué a una iglesia. Era la misma donde mi papá se había casado con su segunda esposa, así que estaba familiarizada con su distribución. No había puesto pie ahí desde esa fecha, pero, por alguna razón, sentí profundamente que hacerlo me sería de ayuda. Quizá si me arrodillaba y rezaba, eso erradicaría mi bloqueo. También quería lograr algún tipo de iluminación y estar dentro de una iglesia parecía un buen sitio donde comenzar.

Empecé a tocar en la puerta. Cuando me di cuenta de que nadie me dejaría entrar, las lágrimas comenzaron a correr por mi rostro.

¡VAMOS, Dios! ¿Cuál es el problema? ¡Sé que no vengo con frecuencia, pero sólo quiero entrar a rezar!

Me dejé caer en los escalones con una mano contra el enorme portón de madera. Incliné la frente sobre mi mano y gemí.

¿Qué quiere decir que no pueda entrar siquiera a una iglesia? Aunque trate de acercarme a Dios, algo se interpone en mi camino.

Miré a través de la pequeña ventana en la puerta. No había luces ni velas encendidas, como tampoco feligreses de los servicios religiosos matutinos; sólo bancos vacíos. Alcancé con la mano hasta donde estaba Max y desaté su correa. Después de haber caminado un par de pasos lejos de la iglesia, Max decidió defecar en el pasto.

¡No lo hagas en el césped de Dios!

Mientras las lágrimas corrían por mi cara, tomé una bolsita de plástico, recogí el montón de popó y me encaminé a los botes de basura en el callejón detrás de la iglesia. Cuando dejé caer la bolsa en la basura, vi un hermoso cardenal rojo posado en la cerca, apenas a unos centímetros de distancia de mí.

—¡CHIP! ¡CHIP!

Estaba tan cerca y era tan sonoro que me hizo detenerme en seco. Dado que hacía tanto tiempo que no había visto un cardenal, se pensaría que me hubiera sentido aliviada. Pero no, estaba furiosa. Luego de deshacerme de la popó de Max, me alejé.

Es sólo una coincidencia.

Pensé en el cardenal. Luego de caminar cerca de una cuadra, escuché una voz, y esto va a sonar extraño, pero la voz era clara como el agua.

No tienes que ir a la iglesia para encontrarme. Aquí estoy, ya sea frente a un bote de basura o en los bancos de la iglesia. Siempre estoy contigo.

En lugar de alivio, empecé a sentir pánico.

¡Qué bien! ¿Y ahora estoy oyendo voces? ¡Es una locura!

Un momento después mi perro decidió que de nuevo tenía que defecar. Por suerte estaba preparada con una segunda bolsa. Caminé a un callejón diferente para tirar la segunda entrega de excremento. Al acercarme al bote de basura, me saludó otro cardenal de color rojo brillante, a unos cuantos centímetros de mi mano.

—¡CHIP! ¡CHIP!

Tuve que tomar un respiro. Haber visto un cardenal estaba bien, pero ver dos seguidos, y el segundo a menos de 30 centímetros de mi brazo mientras arrojaba la popó del perro, eso causaba miedo.

Miré al cielo y decidí hacer mi solicitud.

Papá, necesito tu ayuda para escribir esta obra. Sé que tengo la capacidad para hacerlo, pero necesito cierta guía. ¿Puedes ayudarme a destrabarme? Eres el mejor escritor que conozco. Comparte algo de tus conocimientos, por favor.

Cuando mi papá vivía, se esforzaba demasiado en su trabajo, se desvelaba en extremo y se casó demasiadas veces. No pasamos juntos mucho tiempo, hasta que yo tenía más de veinte años, y eso sólo porque podía reunirme con él en uno de sus bares favoritos.

Sin embargo, cuando enfermó, sus prioridades cambiaron. Lo mismo ocurrió con nuestra relación. Recuerdo haberlo llevado a casa después de uno de sus tratamientos, unos meses antes de que muriera a causa de sus tumores cerebrales. A pesar del funesto pronóstico, tenía una notable apariencia de calma. Puso su mano sobre mi brazo y dijo:

—¿Sabes? Quizá ya no pueda leer o escribir o tocar el piano. Ni siquiera puedo conducir. Antes solía amar todas esas cosas. Pero nada de eso importa ahora, mi vida, porque aún puedo *amar*. El amor es lo único que puedes llevarte contigo.

No puedo creer que hayan pasado siete años desde que se fue.

Me vino a la mente la imagen de mi padre riendo en el Cielo con las frecuentes paradas de mi perro para orinar. El humorismo escatológico le encantaba. Su tercera esposa, Vicky, decía que su lápida debería ser el asiento de un escusado, porque solía pasársela "sentado donde el Rey va solo" más que cualquier otro ser humano en el planeta. (El único otro lugar que recibía tanta atención personal de mi padre era la taberna Billy Goat.)

Cuando llegué a casa, subí hasta donde se encuentra mi computadora. Me senté y escribí durante tres días continuos. Luego de una semana, mi obra estaba terminada.

En los días anteriores al estreno, *todo* salió mal. El diseño del escenario no estaba terminado. Teníamos problemas con la iluminación. No habíamos podido hacer un ensayo completo del espectáculo.

Vamos papá. ¡Necesito una señal de que las cosas saldrán bien! Tengo mucho miedo.

Salí en más ocasiones a caminar con Max y, a pesar de su frecuente necesidad de defecar, no hubo avistamientos de ningún cardenal junto a los botes de basura. Estaba perdiendo totalmente la esperanza.

La noche anterior al estreno, recibí una llamada del teatro.

—¡Vendimos todas las entradas para el fin de semana! —gritó emocionado el propietario.

Colgué el teléfono y tuve un franco ataque de pánico. No sólo no habíamos hecho un ensayo general de la obra, sino que yo no me había presentado en escena en más de diez años. Si este proyecto fallaba, no podía culpar a nadie más que a mí misma.

Por favor papá, hazme saber que todo saldrá bien.

Me pregunté cómo me había metido en este lío, mientras lloraba, hasta que me quedé dormida. Al entrar en estado de sueño, me encontré corriendo por un campo. Había bellas flores silvestres y pastizales altos que se movían con el viento. Me sentía como si estuviera en una de las películas de Merchant/Ivory, y Emma Thompson fuera a salir a saludarme del otro lado de la colina. Me dirigía a algún lado. Parecía saber hacia donde iba.

Me encontré con un camino estrecho que llevaba al mar. Mientras caminaba, podía oler la sal en el aire. Sentí que era como la Costa Este. En la distancia vi una pequeña cabaña. Al acercarme, oí música y gente que reía. Era un bar; una taberna festiva al aire libre. Parecía idéntica a la taberna original Billy Goat, sólo que era al aire libre, cerca del mar, en vez de bajo el puente de Michigan Avenue.

Entré al establecimiento y no había un solo asiento vacío. Miré en torno mío. Nadie me parecía conocido, pero todos estaban felices. De hecho, era la "hora feliz", y los últimos rayos del sol iluminaban el bar y danzaban sobre el agua. El tabernero me miró como si me conociera de toda la vida.

—Hola, Jen, tengo un mensaje para ti —dijo, mientras alcanzaba un viejo teléfono y levantaba el auricular. Este teléfono era un superviviente de la década de los setenta, con un cable grueso y un disco giratorio. Lo colocó sobre la barra.

—Es para ti —continuó con una sonrisa.

Vacilante, tomé el auricular.

—¿Hola?

—Hola, Jen. ¡Soy tu papá!

Era la voz de mi padre, tan clara como el agua, al otro lado de la línea.

—Necesitas dejar de preocuparte, ¿me oyes? Todo va a salir bien. Puedes hacer esto. Sé que puedes con ello. No te angusties. Todo va a salir como se debe.

Su tono de voz era justo como lo recordaba. Tim Weigel me llamaba desde la tumba. Estaba anonadada.

¡Y, por supuesto, me llama a un bar!

—¿Dónde has estado, papá? He intentado contactarte desde hace varios días —dije entre lágrimas.

—Ay, mi vida, aquí estoy. No pienses ni por un segundo que no estoy acá. Siempre lo estoy. No puedo responderte cada vez que me llamas, pero estaré aquí en cada paso de tu vida.

Me enjugué las mejillas y apreté firmemente el teléfono contra mi oído. Era como si nadie más estuviera en el lugar.

—Hubiera querido localizarte más pronto, ¿pero sabes qué tan caro es hacer una llamada desde aquí? —rió.

Desperté riendo. El sueño era tan nítido, tenía que ponerlo de inmediato por escrito para que no se me olvidara. Aún podía escuchar la risa burlona de mi padre mientras me sentaba al borde de la cama, azorada todavía por la experiencia.

Después de haber pasado un par de semanas desde el estreno, me estaba sintiendo realmente cómoda con todo el proceso. Una noche, al llegar a la parte de la obra donde hago una imitación de Therese Rowley mientras me da un mensaje que supuestamente era de mi padre muerto, justo cuando estaba a punto de hablar sentí una increíble sensación de calidez que me cubría toda, y se me puso la carne de gallina por todo el cuerpo. Intenté hablar, pero no pude. Entonces, salió de mi boca una línea que no había escrito.

—En este momento, tu papá te envía una increíble cantidad de amor —dije, seguido de un "puf" hacia un lado, como haría Therese en una de sus sesiones—. Una increíble cantidad de amor.

Respiré profundamente unas cuantas veces y desapareció la sensación de carne de gallina. En ese momento pude retomar el monólogo y continué con el resto de la escena.

Al final de la obra se me acercó Therese con una enorme sonrisa. Había acudido a casi todas mis presentaciones.

—¿Sentiste que alguien estaba cerca de ti esta noche? —preguntó. Therese siempre se esfuerza en alentar a la gente para que desarrolle sus propios dones intuitivos.

—Bueno, sí hubo un momento en que tuve que tomar aliento —empecé a explicar.

—Eso es porque tu papá estaba de pie justo detrás de ti —dijo.

—¿En la parte que trata sobre cuándo te voy a ver?

—Sí. Estaba parado directamente detrás de ti, y levantó la vista hasta donde me encontraba yo entre el público y dijo: "¿No es maravillosa?" Vestía una chaqueta amarilla brillante.

Mi papá era famoso por sus sacos deportivos de colores llamativos. Era una característica suya que empezó cuando salía con quien fue su tercera esposa, antes de dejar a la segunda.

—Se me puso la carne de gallina —le dije.

—Los espíritus te provocan esa sensación cuando están cerca —declaró—. Añadiste una o dos líneas —continuó, ya que había memorizado mi monólogo por haberlo visto tantas veces.

—Oh, sí —le dije, recordando mis palabras.

En este momento te está enviando una increíble cantidad de amor...

A MEDIDA que el espectáculo se acercaba al final de su temporada, me sentía un poco triste de que estuviera a punto de terminar. Al mismo tiempo, estaba lista para un descanso.

El teatro donde me presentaba podía albergar a casi ochenta personas y la primera fila era, de hecho, un grupo de mesas al mismo nivel del escenario. Esto siempre me daba una vista clara del público. La noche del jueves antes del último fin de semana, me percaté que un hombre estaba sentado en primera fila, con los brazos cruzados. Estaba con tres mujeres y parecía que lo hubiesen arrastrado al teatro entre patadas y gritos.

Por alguna razón, me obsesioné con lograr que este hombre se riera, sonriera o hiciera *cualquier cosa*. Pero mientras más centraba mi atención en él, más desagradable se comportaba. Cuando llegué a la parte de la presentación donde describo la teoría del autor James van Praagh sobre lo que sucede cuando morimos, el hombre comenzó a exhalar en actitud de repulsión. Giraba los ojos al cielo con exasperación y sacudía la cabeza. Yo estaba horrorizada.

Intenté *no tomarlo a título personal*, pero por alguna razón no podía sacudirme la negatividad del tipo ese. Al final del espectáculo corrí a mi camerino y no quise salir.

—Oye, Jen, hay gente esperándote —dijo el director de escena al otro lado de mi puerta.

¿Quién querría verme? Hoy hice un trabajo horrible.

Respiré profundamente y salí a enfrentarme al mundo. Para mi sorpresa, el hombre estaba parado frente a mí con las tres mujeres. Aún fruncía el ceño y tenía los brazos cruzados, pero las ellas sonreían de oreja a oreja.

—¡Oh, cielos, Jenniffer, eso fue tan maravilloso! —dijo una de las mujeres—. Nos *encantó* tu monólogo.

Miré al hombre, quien veía al piso.

—¿Él viene con ustedes? —pregunté a la mujer.

Volteó la vista a su acompañante, que seguía mirando al piso.

—Ni te fijes, ¡él simplemente nos trajo! —me dijo ella entre risas.

—Vamos a traer a un grupo grande este fin de semana —agregó otra de las mujeres—. ¡No puedo esperar para ver de nuevo tu espectáculo!

—Bueno, pero él no puede venir con ustedes —dije en broma. El hombre seguía sin levantar la vista. Coloqué mi mano sobre su hombro—. ¿Seguro que vas a estar bien? —pregunté, intentando hacer más agradable la situación—. Prometo que no muerdo —sonrió con nerviosismo, pero siguió negándose a hacer contacto visual.

Caminé de regreso al teatro y encontré una multitud de personas que querían comprar libros. Había sido todo un éxito y casi permití que este hombre malhumorado me arruinara toda la presentación.

Al día siguiente me reuní con mi amigo Rob Sullivan para tomar un café. Rob es un escritor, entrenador de vida y orador público. Le conté mi experiencia con el hombre de los brazos cruzados.

—Quiero que mires alrededor de la cafetería y que encuentres todo aquello que sea de color azul —dijo Rob con una sonrisa.

Supe que éste debe ser algún tipo de ejercicio para adquirir sabiduría, así que le seguí la corriente. Miré en torno mío y encontré todas las cosas que pudieran ser de color azul.

—Ya lo tengo —respondí.

—Ahora dime qué cosa es de color verde.

¿Verde? ¡No me estaba fijando en las cosas verdes! ¡Maldita sea!

No dije nada mientras me esforzaba por pensar en una respuesta.

—Cuando nos centramos sólo en una cosa, pasamos por alto todo lo demás que nos rodea. Mira cuánta energía te requirió enfocarte en ese hombre en particular. No disfrutaste de las personas que *estaban allí* para aplaudirte. Pasaste por alto toda la retroalimentación positiva porque dejaste que una persona gobernara totalmente tus respuestas.

Miré a Rob y sonreí.

—Esta es una pregunta más personal, ¿estás saliendo con alguien? —pregunté. No estaba buscando una pareja para *mí*, pero tenía una amiga soltera que pensé sería perfecta para un hombre positivo como Rob.

—¿Por qué lo preguntas?

—Quiero presentarte a la *Chica Mostaza*...

CapÍtulo 5

Amo a la Chica Mostaza

 *Siempre es bueno hablar con los muertos*

La Iglesia de Nuestra Señora de Todos los Santos respondió a la Primera Iglesia Presbiteriana con el siguiente mensaje:

LIBERA LAS ALMAS
DE LOS PERROS
POR MEDIO
DE LA CONVERSIÓN.

—Tienes que conocer a mi amiga Jennifer Connor —dijo mi amiga Joyce—. Te va a encantar. Tienen tantas cosas en común. Le llamamos la "Chica Mostaza".

¿La Chica Mostaza?

El nombre por sí solo me obligó a presentarme a la comida. Por alguna razón, siempre imaginé al director general de una empresa de mostazas como un viejo tacaño con bigote y panza cervecera. Vaya que estaba equivocada. La Chica Mostaza tiene unos increíbles ojos azules, cabello rubio y una sonrisa encantadora. Parecía tener mi misma edad. Cuando me presenté, me regaló una bolsa que contenía varias botellas de su mostaza en todos los sabores, desde la dulce con miel hasta la Dijon. Tomé una para estudiarla con detalle y allí estaba ella, justo en la etiqueta.

—¡Eres como la rubia de la cerveza St. Pauli, pero de los condimentos! —bromeé.

Si fuera *gay*, la Chica Mostaza y Angelina Jolie serían mis principales opciones.

—Supe que ustedes tenían que conocerse —dijo Joyce, mientras insistía en que la Chica Mostaza narrara su historia—. Cuéntanos de la vez que hablaste con tu papá cuando todo estaba saliendo mal en la empresa de mostazas.

Cuando la Chica Mostaza era estudiante de historia del arte en la Universidad de Wisconsin, en Madison, pasó mucho tiempo comiendo en una pequeña fonda de hamburguesas cuyo dueño solía hacer su propia mostaza.

—Le veía hacer tandas de mostaza, que mezclaba a mano —explicó la Chica Mostaza—. Y le dije: "¡Tienes que embotellar esta cosa! Es demasiado buena". Nunca había probado nada igual.

Después, un día, el propietario se llevó aparte a la Chica Mostaza y le dijo que iba a retirarse. Le preguntó si querría hacer sus recetas.

—Pensé: ¿qué demonios voy a hacer con unas recetas para mostaza? —rió—. Pero estuve de acuerdo con reunirnos para tomar un café y durante varias horas ¡me enseñó todo lo que sabía!

Después de muchos intentos fallidos para recrear las recetas, finalmente la Chica Mostaza dominó la fórmula. Sus ingredientes son totalmente naturales (¡incluso sin gluten!). Después de varios meses y de múltiples reuniones, esta licenciada en historia del arte de Wisconsin se dispuso a administrar una empresa de mostazas.

—Me dije: "¿Cómo llegué aquí? ¡No puedo creerlo!". Pero me encantaba esta mostaza y estaba dispuesta a hacer cualquier cosa por producirla —explicó.

Pero en el último minuto, su socio decidió que no quería seguir adelante con el trato. Era su principal respaldo económico y ella no tenía los fondos para continuar sin él.

Así que la Chica Mostaza se lanzó de viaje para dirigirse a la cabaña de su familia, al norte de Wisconsin, y meditar seriamente en el asunto. Cuando tenía cinco años su padre murió en un accidente aéreo cerca de la cabaña, y ella descubrió que ir a ese sitio le daba una sensación de claridad mental.

—Siempre me siento más cerca de él cuando voy allí —explicó.

De camino a la cabaña, habló durante todo el viaje con su padre muerto.

—Le pedí ayuda. Mis dos señales de que él me está escuchando son los arco iris dobles y los tréboles de cuatro hojas.

—¿Arco iris dobles? —pregunté—. Nunca he visto uno de esos antes y pensé que sólo existían en los cuentos de hadas.

—Son más comunes en climas lluviosos, pero son muy poco frecuentes en el Medio Oeste —explicó.

Cuando llegó a la cabaña, el césped estaba cortado y no había tréboles por ninguna parte. En cuanto a los arco iris...

—Llovió todo el tiempo y el sol nunca salió ni por un momento, así que no hubo ningún arco iris a la vista —dijo.

A pesar de la falta de "señales", la Chica Mostaza tenía la constante sensación visceral de que quizá se suponía que debería continuar con el asunto de la mostaza. Y cuando se estaba alistando para volver a casa, se arrodilló en la tierra junto a su automóvil y comenzó a orar.

—Simplemente lloré y dije: "¡por favor, papá! Dame *alguna* respuesta. ¡Necesito saber si estoy haciendo lo correcto!".

De camino a casa, y sin haberlo planeado, se detuvo junto a una iglesia cercana.

—Vi que estaban teniendo un servicio religioso, así que dije: "Papá, si el sacerdote menciona en su sermón la palabra 'amarillo', incluso si dice *naranja*, lo tomaré como señal de que se supone que continúe con el proyecto de la mostaza. De otro modo, me daré por vencida". Respiré profundamente y entré.

Se sentó en la parte trasera y esperó con paciencia. El sacerdote se levantó para hablar: "Hay ocasiones en que tenemos dudas sobre qué debemos hacer en nuestro recorrido por la vida y nos preguntamos si estamos dando los pasos correctos para proseguir".

Había captado su atención.

"Pero entonces, debemos recordar tener fe en la *semilla de mostaza* y confianza en que todo saldrá bien".

Casi se cayó del banco.

—Tuve que asirme de la mujer que estaba en la fila de enfrente y preguntarle: "¿Acaba de decir *semilla de mostaza*? ¿Estoy soñando?" No podía creer lo que escuchaba. ¡Para mí era suficiente con *amarillo*!

La Chica Mostaza encontró a otro socio comercial y, después de unos cuantos años de sangre, sudor y lágrimas, ahora la "Mostaza Chica Mostaza" está en las tiendas de abarrotes de todo EUA.

La Chica Mostaza y yo hemos sido amigas desde aquella primera comida. No sólo aguanta mucho más alcohol que yo, sino que de verdad creo que le pone *crack* a su mostaza, porque se la tengo que untar a todo... huevos, papas fritas... zanahorias, *pretzels*, lo que se te ocurra. No puedo hartarme de ella. (En particular su mostaza Dijon.)

UNAS SEMANAS después de conocer a la Chica Mostaza, me invitaron a ir de vacaciones con algunos amigos de mi familia. Volábamos en uno de esos aviones privados para diez personas. Debido a que tengo miedo a volar, en general requiero de un sedante para lograr subirme a bordo.

Cuando llegamos al aeropuerto, se soltó una tormenta. No era cualquier tormenta, sino del tipo en la que el viento es tan intenso que los árboles se doblan hasta tocar el piso. Aumentó mi nerviosismo cuando vi que nuestro piloto se nos acercaba en la sala de espera. Tal vez *tendría* unos veintidós años y parecía como uno de los personajes del programa *The Hills*.*

—No podemos despegar hasta que baje la fuerza de la tormenta —nos dijo. Miré alrededor de la sala, buscando mi fuente de tranquilidad.

—Disculpe, ¿habrá un bar en este aeropuerto? —pregunté.

—Hay una máquina de café exprés que también vende chocolate de varios sabores —dijo con una sonrisa.

Como si eso me fuera a servir...

—¿Así que no hay vino? —inquirí—. Por Dios Santo, si tienen una máquina de palomitas de maíz para los niños, entonces, ¡¿dónde está el Pinot Grigio?!

Me lanzó una mirada crítica como si dijera: "Señora, ése es su problema". Entré al baño del pequeño aeropuerto empresarial y traté de no empezar a hiperventilar.

---

* Serie juvenil estadounidense que se transmite por el canal MTV. (N. de T.)

Por favor, papá. Ayúdame. Si no se supone que suba a ese avión, házmelo saber. Me estoy poniendo histérica y necesito saber que estás conmigo.

Después de mi pequeña charla conmigo misma, me di cuenta de que obtener una señal de mi padre era poco realista. Los cardenales y los arco iris dobles no son cosas que uno encuentre dentro de un pequeño aeropuerto corporativo. Afuera la tormenta era tan intensa que incluso las aves se escondían para protegerse. Mi corazón latía tan de prisa así como yo intentaba encontrar alguna manera de librarme de este vuelo.

¿Quizá podríamos rentar un auto y conducir hasta Rhode Island?

Escuché un fuerte trueno cuando caminaba de regreso al área de espera. Intenté alejar mi mente de la tormenta viendo a Larry King. Estaba entrevistando a la médium y psíquica Sylvia Browne. Por coincidencia, el tema del programa era "¿Es posible hablar con los muertos?".

George, el hijo adolescente de mi amiga, vio hacia la pantalla mientras elegía el sabor de su chocolate caliente en la elegante máquina de café.

—Esa señora se ve rara —dijo, luego de echar una mirada a Sylvia—. ¿A qué sabe la crema irlandesa? —preguntó, antes de oprimir el botón.

—Es mucho mejor cuando tiene whisky —respondí.

De pronto, escuchamos un gran escándalo que venía de la entrada del aeropuerto.

—¡Tienen que ver esto! —gritó el encargado del mantenimiento.

Al principio pensé que habría ocurrido un choque o algo, pero luego noté que estaba sonriendo.

—Nunca he visto nada igual —dijo.

Las chicas detrás del mostrador le siguieron a la entrada principal. Miré hacia George, quien estaba totalmente concentrado en Larry King.

—Entonces, jóvenes, ¿ustedes han podido ver espíritus desde que tienen memoria? —preguntó Larry a dos de sus invitados adolescentes. Estaban promoviendo un programa en A&E acerca de chicos que tienen la capacidad de ver espíritus.

Volteé hacia las puertas corredizas de cristal y había un grupo de empleados del aeropuerto que estaban parados en fila, y todos señalaban al cielo.

Le di un pequeño golpe a George en el hombro.

—Vamos a ver qué está pasando —dije.

Nos encaminamos a la puerta. Eché una mirada a mi reloj y eran apenas un poco más de las 9 de la noche. Como era julio, el sol se había ocultado media hora antes. Al salir del aeropuerto observé hacia el oscuro cielo.

—Es un arco iris doble —dijo uno de los pilotos.

¡¿Un arco iris doble?! ¡¿En la oscuridad?! ¡¿En la lluvia?!

—¿Cómo puede haber un arco iris si no hay sol? —preguntó una de las mujeres.

¡Cielos!

Miré con total azoro los bellos colores; eran luminosos contra las nubes de gris oscuro. Era el arco iris doble más grande y brillante jamás observado, y abarcaba todo el cielo.

—Nunca he visto uno como este de noche —dijo otro piloto.

Hubo un silencio mientras absorbíamos lo que estaba frente a nosotros. Sabíamos que éramos testigos de un suceso mágico.

Y entonces supe que mi avión iba a llegar sano y salvo a Newport, Rhode Island.

CUANDO REGRESÉ de Newport, estaba emocionada de pasar el día con Britt.

—¿Te importa si me voy al gimnasio? —preguntó Clay.

—No hay problema —respondí; Britt y yo jugábamos con los trenes en el piso de la sala de estar.

Cerca de tres minutos después de que Clay atravesó la puerta, sonó el teléfono. Miré el identificador de llamadas y no reconocí el número. Como era una llamada de larga distancia, decidí contestar.

—¿Hola?

—Hola, Jenniffer, tu entrevista inicia en dos minutos. Apenas terminemos con el corte comercial y de inmediato entra tu presentación —dijo la voz.

Me congelé. Aparentemente me había olvidado de añadir esta entrevista a mi calendario, y ahora me veía forzada a tener no sólo una simple conversación, sino una de naturaleza muy decisiva, en tanto intentaba asegurarme que no se oyeran de fondo los gritos de mi hijo diciendo "¡Elmo es rojo!"

Sentí que mi pulso empezaba a acelerarse.

Quizá Clay todavía no haya llegado al gimnasio y pueda enviarle un mensaje para que regrese a casa.

Me apresuré a llegar al otro lado de la habitación para encontrar mi BlackBerry®, y a gran velocidad le envié el mensaje. Faltaban treinta segundos para entrar al aire y tenía entre manos a un pequeño hiperactivo.

¡Ya me jodí!

Bajé la vista a mi BlackBerry®. Nada.

¡Maldición!

—Bienvenida —dijo la voz al otro lado del teléfono—. Es un gran honor tenerte como invitada para la entrevista de hoy...

Miré a Britt, que saltaba por todos lados en uno de sus episodios del *Bombero Sam.*

Por favor regresa, Clay. Ve tu celular.

Intenté *visualizar* a mi esposo teniendo de pronto la necesidad de verificar su teléfono. Mi esperanza era que si me concentraba con suficiente fuerza, podría *lograrlo.*

Mira tu teléfono, Clay. Mira tu teléfono.

—Entonces, Jenniffer, ¿qué te hizo decidirte a renunciar a tu trabajo en televisión para ir en búsqueda de algún medio de establecer contacto con tu padre en el Otro Mundo? —dijo la entrevistadora.

Empecé a hablar a la vez que corría escaleras arriba para equiparme de diversas "provisiones de urgencia para Britt". Ya sabía que tenía un periodo limitado antes de que se aburriera con su juego, por lo que tomé su cobijita, su camión favorito y algunos crayones. No recuerdo en absoluto qué le dije a mi entrevistadora. Estaba determinada a cumplir mi misión.

Cuando regresé con Britt, jadeando levemente, de pronto recordé un pasaje de uno de mis libros "esotéricos".

"Contamos con todo un equipo de espíritus que simplemente están esperando para ayudarnos, pero no pueden intervenir sin nuestro permiso".

Tengo cerca de quince libros en mi mesa de noche, así que no sabía si ésta era una cita de Marianne Williamson, Doreen Virtue o de la doctora Judith Orloff, pero me vino a la mente, clara como el agua. Se me complicaba imaginar a una "pandilla" de ángeles que estaban allí, simplemente esperando sin nada que hacer, hasta que les diera una tarea, pero en ese momento estaba desesperada.

—¿Mami? —dijo Britt, al tiempo que tiraba de mi pantalón. Quería jugar a las "escondidillas". Envidiaba a mis amigas que habían tenido niñas; podían sentarse durante horas en un restaurante, entreteniéndose solas con dos crayones y una servilleta. Britt necesitaba correr maratones. Miré al techo y empecé a pensar.

Si pueden oírme —ángeles, papá, abuelita, guías, quien sea— por este medio les autorizo a ayudarme de cualquier modo posible entreteniendo a mi hijo. Por favor, jueguen con él. Tranquilícenlo. Lo que sea. Tengo que dar esta entrevista y no puedo hacerlo mientras jugamos a las "escondidillas".

Entonces me senté en el sofá y respiré profundo. Miré hacia Britt. Pasó de la silla al piso, llevando su camión favorito.

—¿Quién ha sido la persona más interesante que conociste en tu viaje? —preguntó la entrevistadora.

Empecé a hablar y noté que ahora mi hijo estaba recostado de lado, empujando su camión, completamente tranquilo.

—¿Entonces estás contenta de haber cambiado de actividad, y haberte dedicado a escribir libros y contar las historias que te apasionan?

Hice una pausa antes de responder. Sí, estaba feliz de no trabajar más en la sala de prensa, pero me sentía como una especie de fraude al haber seguido mis sueños. Clay y yo aún no teníamos un empleo a la vista, y la tambaleante economía disolvía a gran velocidad cualquier ahorro que pudiéramos hacer.

—En general, creo que fue lo mejor para mí —respondí—. Pero sigo requiriendo confianza todos los días, lo cual a veces puede ser difícil.

Miré de nuevo hacia Britt. Seguía jugando, feliz de la vida.

—¿Así que en realidad alientas a la gente a creer en médiums y psíquicos?

—No le digo a nadie qué deba creer; sólo comparto las experiencias de lo que me ha sucedido. No inventé nada de ello. Quiero que la gente llegue a sus propias conclusiones.

Mientras continuaba con mi conversación, Britt jugó con su camión durante veintitrés minutos seguidos. Sin quejas sobre querer correr o tener la necesidad de esconderse. Actuaba como... bueno... un *angelito*.

Bien haya sido el "Equipo especial de ángeles" destinados a mí o sólo una maravillosa coincidencia que mi hijo decidiera comportarse a la perfección justo durante el tiempo de mi entrevista, nunca lo sabré a ciencia cierta.

Pero, oigan, ¡ahora sé que no cuesta nada pedir las cosas!

—¿CREES QUE puedas llegar a una filmación en Napa Valley? —preguntó un día Laura, mi socia de producción.

Justo a tiempo.

—Mmmm, déjame pensarlo. ¿Una filmación en el área de viñedos? ¡Cuenta conmigo!

Tendría que entrevistar a las personas que acudían al Festival Musical Staglin para la Investigación de Salud Mental. Garen y Shari Staglin reunieron millones de dólares después de que, hacía veinte años, se había diagnosticado esquizofrenia a su hijo Brandon. Ahora habían acudido a todos los recursos posibles para hacer este festival, que incluía a chefs galardonados, celebridades de primera línea e increíble música en vivo.

—Es probable que conozcas a Ron Howard, Glenn Close y Pat Benatar —dijo Laura.

¡Lo haré con gusto!

A medida que concluíamos con la primera ronda de entrevistas en el evento, miré alrededor. Estaba parada en la cima de una pintoresca montaña, respirando el aire y preguntándome cómo sería ver este tipo de belleza todos los días.

De pronto sonó mi teléfono. Era mi esposo y sonaba al borde del pánico.

—¡Binkers ha desaparecido! —gritó. *Binkers* era como mi hijo llamaba a su cobija favorita.

—¿Qué quieres decir con que desapareció? —pregunté—. ¿Dónde la viste por última vez?

—Estaba justo aquí sobre nuestra cama y ya deshice todo el lugar. No está en *ningún* lado. ¡Creo que voy a volverme loco!

En su voz podía detectar enojo y frustración. Me alejé del equipo de filmación e intenté encontrar algo de privacidad.

—Bueno, por desgracia, no hay mucho que pueda hacer desde aquí —susurré.

—¡Es que esto no tiene sentido! ¡A últimas fechas estoy perdiendo *todo*! —gritó Clay.

En las últimas semanas había perdido su teléfono celular y un sobre lleno de efectivo. Perder a Binkers formaba la tercia.

—Creo que mi mamá me está haciendo la vida pesada —dijo.

Kathy, la madre de Clay, había muerto hacía cinco años. Hice una pausa para asegurarme de que lo había escuchado bien.

—¿Entonces crees que tu madre muerta te está escondiendo las cosas? —pregunté.

—Piénsalo con detenimiento. Todas esas cosas representan algún tipo de *seguridad*. Dinero. Un teléfono. La cobijita de Britt. Es algo que ella haría para transmitir su mensaje —respondió.

Clay era un hombre de lo más práctico. Supe que debía estar hasta la coronilla para elucubrar este tipo de ideas. Pero la "señora C", como yo le llamaba, tenía un travieso sentido del humor. Si alguien intentara burlarse desde el otro mundo, ésa sería la insolente mamá de Clay, Kathy Champlin.

—Muy bien, entonces lo que deberías hacer es hablar con ella —le dije—. Siéntate con Britt en la sala y di: "Kathy, te amo, pero deja de meterte con mis cosas". Y luego haz que Britt se lo pida también de manera amable. Quizá así deje de hacerlo.

No podía creer lo que estaba sugiriendo, pero en ese momento Clay parecía abierto a cualquier cosa.

—Jen, el vicegobernador está listo para la entrevista —dijo el publicista, que me llamaba de nuevo al trabajo.

—Me tengo que ir, pero haz el intento con esto y luego me avisas cómo te fue —concluí y finalicé la llamada.

Trabajamos durante la siguiente hora y, al terminar, vi que tenía un mensaje de voz enviado por Clay.

—Encontré a Binkers —pude escuchar la sonrisa en su voz—. Háblame.

—Le marqué frenéticamente, con la voz de Pat Benatar oyéndose a la distancia mientras hacía su prueba de sonido en el escenario.

—¿Qué pasó? —pregunté cuando Clay contestó.

—Bueno, me llevé a Britt a la sala, lo senté en mi regazo y dije: "Te amamos abuelita Kathy, pero de verdad que no podemos seguir perdiendo más cosas. Así que, por favor, devuelve la Binkers de Britt". Entonces le dije a Britt que le pidiera a su abuelita que le regresara su Binkers, y así lo hizo. Luego le dije a Britt que me abrazara como si yo fuera su abuela Kathy y me dio un fuerte abrazo. Entonces dije: "Ahora dame un beso como si fuera tu abuelita Kathy", y me dio un gran beso. Después nos quedamos sentados allí por unos minutos y me empecé a sentir un poco triste. Entonces subimos al piso superior y di otra vuelta por nuestra recámara y por la de Britt para buscar la cobija, con esperanza de que apareciera por arte de magia, pero no estaba por ninguna parte. Britt estaba aullando. Lo miré y dije: "Lo siento, cariño. Es que realmente no sé dónde está". Entonces señaló a mitad del piso y dijo: "Papi, allí está".

—¿Allí *dónde*? —pregunté. La curiosidad me estaba matando.

—Estaba en medio de mi cuarto —dijo con gran azoro—. Acababa de buscar en la habitación y no estaba. Volteé por un segundo y allí apareció, venida de la nada.

—¡Pero, cómo...! —dije sorprendida.

—Fue la cosa más rara —dijo Clay, como si quisiera hacerme saber que no estaba loco—. ¿Ésa es Pat Benatar?

—La letra de "Hit me with your best shot" (Me dio con su mejor golpe) se escuchaba de fondo.

—Sí —respondí—. Está haciendo la prueba de sonido. Me tengo que ir, pero me alegro que hayas encontrado la cobija.

—Yo también. Quizá después encuentre mi teléfono —dijo en tono de broma.

—No tiene nada de malo pedirlo—respondí.

—Ah, además...

—¿Sí?

—¿Sabías que *eres un hueso duro de roer, con una larga historia?* —cantó siguiendo la letra de la canción, justo antes de colgar.

—¿Está todo bien? —preguntó José, mi camarógrafo, mientras guardaba mi teléfono.

—La fallecida mamá de Clay está escondiendo cosas por toda la casa —respondí al tiempo que ayudaba a empacar nuestro equipo—. Le dije que le pida que ya lo deje en paz.

José sonrió. Había leído mi primer libro y tenía una perspectiva más abierta que la de la mayoría de la gente.

—¿Y funcionó? —preguntó, mientras me pasaba la bolsa del micrófono.

—Aparentemente —contesté.

CAPÍTULO 6

Estacionamiento para estrellas de rock, un trasero firme y el trabajo de ensueño

☞ *Simplemente agradece al Universo*

La respuesta de la Primera Iglesia Presbiteriana para Nuestra Señora de Todos los Santos fue:

> LOS PERROS SON
> ANIMALES. EN
> EL CIELO TAMPOCO
> HAY PIEDRAS.

GRACIAS ANTICIPADAS, Universo, por el espacio de estacionamiento justo donde lo necesito.

—No puedo creer la suerte que tienes —dijo mi amiga cuando encontramos un espacio exactamente frente al sitio donde íbamos a comer.

—No es suerte —respondí—. Es que cambié mi vocabulario.

Obtuve esta idea de "agradecer por anticipado al Universo" después de leer *Conversaciones con Dios,* de Neale Donald Walsch. Este autor escribe que si dices que *deseas* o *necesitas* algo, de hecho crearás más deseos o necesidades porque ésa es la energía detrás de tus declaraciones.

"*Quiero* el trabajo perfecto" o "*Necesito* más dinero".

El Universo te está dando sólo lo que le pides.

El libro afirma que, al suponer que ya tienes todo lo que necesitas en todo momento, tu suerte cambiará. Simplemente es cuestión de *permitir* que la suerte te encuentre.

Aunque todo esto aparece perfecto en un libro, tenía dificultades para creer que con "agradecer al Universo" por el empleo perfecto, éste se volvería realidad, así que decidí comenzar con algo más pequeño: los espacios de estacionamiento.

Gracias anticipadas por el estacionamiento de estrella de rock.

Cualquiera que haya estado en la ciudad de Chicago sabe que estacionarse en la calle es casi imposible. Luego de empezar a agradecer de antemano al Universo por el estacionamiento para "estrellas de rock", llevé una pequeña libreta en mi coche para documentar los fabulosos lugares de estacionamiento.

Nadie me creerá, a menos que lleve registro de ello.

Recuerdo el primer día en que empecé mi experimento. Había conducido hasta la oficina de mi agente, que se encuentra en una calle muy transitada con unos cuantos parquímetros, justo al este de Michigan Avenue.

—Todo es posible —me dije para convencerme, sintiéndome una tonta de lo peor.

A medida que me acercaba, empecé a sentirme ansiosa.

—Sólo faltan unas cuantas cuadras —pensé—. Aprovecha lo que encuentres.

Vi que un auto dejaba un espacio a mi derecha. De inmediato encendí las luces preventivas y esperé con paciencia. Tomé mi libreta y anoté mis resultados: "¡Carajo! Encontré un espacio a una cuadra de distancia. Vamos una de una". Para mí, una cuadra de distancia fue un milagro.

Cuando salí del auto y caminé hacia la oficina, noté que había un espacio *exactamente enfrente* del despacho de mi agente.

Pude haberme estacionado aún más cerca si sólo hubiera tenido un poco más de fe.

Después de mi primer éxito, decidí conducir a todas las citas que tuviera (sin importar qué tan cerca estuvieran de mi casa), sólo por experimentar. Dos días después, de nuevo me dirigí a la oficina de mi agente. Me subí al coche, dije mi "oración", o como quieran llamarle, y me fui. Intenté concentrarme en "saber" que iba a conseguir un lugar.

—Gracias por el perfecto lugar de estacionamiento —seguí diciéndome a mí misma—. Gracias por el perfecto lugar de estacionamiento.

Después de dar una vuelta a la cuadra, allí estaba: un espacio justo frente a la puerta. Tomé mi libreta y anoté mi éxito: "Dos de dos. Hoy conseguí un espacio todavía mejor". Miré mi cartera para tomar unas monedas y me di cuenta de que no tenía.

—¡Mierda! —dije, hasta que me fijé en el parquímetro. Quedaban cuarenta y ocho minutos.

Tengo un espacio y ya está pagado. ¡Eso es simplemente fabuloso!

Luego de un tiempo, mi suerte con los estacionamientos se convirtió en una especie de chiste entre amigos y familiares. ¿Quieres ir a la calle Rush para una noche de baile? Olvídate del taxi, te encontraré un espacio. ¿Inaugurarán un nuevo restaurante? Ni te preocupes de traer cartera; tienes a Jen de tu lado.

Mi racha de suerte era asombrosa. Dejé de contar luego de haber encontrado 253 espacios de estacionamiento perfectos de manera continua. ¡No es broma!

Como mi nuevo vocabulario estaba funcionando tan bien para mi suerte con los sitios de estacionamiento, decidí lanzarme a resolver un problema mayor: mi peso.

CUANDO DI a luz a mi hijo, quien pesó 4.2 kilos, había subido casi 30 kilos durante el embarazo. *¡Treinta!* Siempre he sido una persona muy activa y me ejercito con frecuencia, pero fue difícil tratar de perder los últimos cinco o siete kilos del peso que subí con el bebé. Normalmente me considero de tamaño promedio, para mi estatura de 1.70 metros, así que esos kilos adicionales realmente me sacaban canas verdes.

Mientras estuve embarazada, sólo comí los mejores alimentos y traté a mi cuerpo como un templo, en beneficio del niño. Nada de alcohol, cafeína o sodas dietéticas. Era un "condominio" para el bebé, ¿no es cierto? No se trataba de mí, Jen Weigel. Se trataba del desarrollo de un niño sano.

Así que empecé a preguntarme en qué sentido era correcto que regresara a mis hábitos de comer basura luego de que mi bebé había nacido. Me di cuenta de que mi cuerpo es un condominio *todo* el tiempo. Un condominio para *mí*. ¿Por qué no tratarme igual de bien que si estuviera embarazada? ¿Pondrías azúcar en el tanque de gasolina y esperarías que el coche siguiera funcionado bien? Nuestro cuerpo es nuestro receptáculo. Necesita nutrición, no estimulantes malsanos.

Recuerdo las palabras de Deepak Chopra acerca de que en realidad podemos comer lo que queramos, siempre y cuando lo hagamos *de manera consciente*. Dijo que mientras mejor sea el alimento que ingresas a tu cuerpo, más sanas serán las cosas que se te antojarán.

Muchas culturas inclinadas hacia lo espiritual tienen una tradición de bendecir el alimento y asumir una postura mística hacia la comida. Una de mis amigas coloca las manos sobre el plato y reza sobre sus alimentos antes de comer. Siempre me ha parecido raro y me he sentido avergonzada cuando hace esas cosas en público. Pero cuando le pregunté al respecto, su explicación realmente tuvo sentido para mí.

—Si pensamos en la comida como nutrición para nuestro receptáculo, que es este cuerpo que utilizamos en forma temporal, lo absorberemos mejor dentro de nuestras células y nos dará energía —explicó.

Siempre había pensado en la comida como un inconveniente que hace crecer mi trasero, así que éste iba a ser un verdadero cambio para mí.

Gracias anticipadas por digerir fácilmente y por darme energía.

Otra cosa que quería mejorar, además de mis hábitos alimenticios, era mi imagen corporal. Como la mayoría de las mujeres, siempre he tenido problemas con la apariencia de mi cuerpo. (Senos muy pequeños. Trasero demasiado grande.)

—Tienes una figura tan linda —dice siempre mi mamá.

Desde el ascenso en popularidad de J. Lo, ahora está de moda tener "retaguardia", como dicen, pero sigo deseando haber tenido un cuerpo como el de Gwyneth Paltrow (antes de ser mamá). Gracias a Dios que Clay es un hombre al que le gustan las nalgas.

Pensé en las palabras de *Conversaciones con Dios* y me pregunté si mi uso de ciertas frases en realidad tendría un efecto físico sobre mi cuerpo. Si es verdad que los pensamientos tienen energía, ¿estaba dándoles poder cada vez que, al probarme la ropa, resaltaba para mí misma esa parte de mi anatomía? Cuando comía ciertas cosas aseveraba: "Esta pizza se irá directamente a mis nalgas". Me decía que no podía vestir una prenda específica porque hacía ver grande mi trasero. No me gustaba lo que veía en el espejo y parte de mí se preguntaba si yo misma había creado esa realidad.

Decidí que iba a cambiar todo esto elogiándome a mí misma de manera regular.

—¿Sabías que tengo un trasero perfecto? —le mencioné a Clay, tratando de no reírme.

—¿Qué? —preguntó.

—Voy a decirlo en voz alta y entonces quizá empiece a creerlo en verdad.

—Bieeen.

—Simplemente quiero dejar en claro que mi trasero es perfecto y que le agradezco al Universo por ello.

—Bueno, pues yo también quiero agradecerle al Universo por eso —contestó, y luego me dio una nalgada al pasar junto a mí.

Mientras conducía al gimnasio, intenté pensar en un mantra que pudiera decir una y otra vez dentro de mi cabeza para ayudarme a lograr mi cometido.

"Tengo luz, tengo amor, mi cuerpo es perfecto, mi trasero es mejor". Compuse un pequeño *rap* con esto. "Tengo luz, tengo amor, mi cuerpo es perfecto, mi trasero es mejor". Me aseguré de no decirlo en voz alta por temor a que la gente pensara que había perdido la cabeza. Cada vez que llegaba a la parte de "mi trasero es mejor" me reía a carcajadas, porque parecía como un concepto un tanto loco. Finalmente dejé de reírme y empecé a añadirle versos.

—"Tengo luz, tengo amor, mi cuerpo es perfecto, mi trasero es mejor. Soy parte de Dios y estoy llena de paz, sin un solo grano que marque mi faz" —cantaba, mientras aceleraba la marcha.

Después de un tiempo, mis mantras se volvieron parte de mí misma y juro por... bueno... por Dios, que mi cuerpo empezó a cambiar.

—¿Has perdido peso? —preguntó una amiga.

—Te ves fabulosa —dijo otra.

Cuando cambié mi vocabulario y empecé a comer los alimentos correctos, también me di cuenta de que mi cuerpo empezó a ansiar otro tipo de cosas.

¡Deepak tenía razón!

—¿Quieres un café con leche? —preguntó Clay una mañana.

—No, gracias —respondí.

¡¿QUÉ DIJISTE?!

Siempre había comenzado el día con un café con leche y me pregunté qué demonios me estaba pasando.

—Estás elevando tu vibración al comer alimentos puros —dijo mi amiga, la que bendecía la comida, un día que estábamos almorzando juntas—. Los métodos antiguos ya no funcionan porque estás creando un nuevo receptáculo.

Vaya, una actualización de receptáculo.

Ahora que lo mencionaba, había notado que ya no quería beber alcohol con tanta frecuencia como solía hacerlo antes. Pasé de tomar una copa de vino por las noches a tomar una o dos *por semana*.

—No se lo vayas a mencionar a mi familia. Tenemos una larga relación con la bebida —dije en broma.

Otra regla que no estaba siguiendo: *nunca debes pesarte*. En serio. La báscula *no* es tu amiga. Podría ser que una noche comas un poco de salsa de soya con tu *sushi,* y a la mañana siguiente te subas a la báscula sólo para descubrir que toda el agua que retuviste aumenta tu peso y ¡te arruina el resto del día! Todas las mujeres sabemos cuando hemos aumentado unos kilos. En vez de subirte a la báscula, ten una prenda específica y estima tu peso de acuerdo a la forma cómo te queda. Yo tengo un par de vaqueros que usaba en la universidad, y me dicen todo lo que tengo que saber. Nadie debería alterar su estado de ánimo por un número colocado por debajo de sus pies.

Por coincidencia, a mitad de mi cambio de relación con la comida, mi esposo ingresó a la escuela de artes culinarias. Empezó a cocinar con regularidad una serie de platillos sorprendentes. Y estos difícilmente son bajos en grasa. Estamos hablando de comida francesa e italiana, así que se trata de montones de crema, mantequilla, tocino y pasta. Las porciones siempre son pequeñas y los ingredientes son frescos. La dicha que obtiene de cocinar para su familia se traduce en el producto terminado. Soy una gran creyente de lo que se describe en la película *Como agua para chocolate*: sentimos la energía que el cocinero transmite a la comida. Si el cocinero está enojado, la comida no sabrá tan buena. Cuando se prepara con amor y atención, esos sentimientos se traducen en el sabor. Ahora como con regularidad platillos que muchas personas considerarían "engordadores", pero no me hacen subir de peso.

—Los franceses tienen razón —dije un día mientras comía unos ravioles de conejo al vino tinto que preparó Clay—. Comen mantequilla y beben vino y ¡no están gordos! Gracias anticipadas, Universo, por estos alimentos que estoy digiriendo perfectamente.

Cuando disfrutas de cada bocado, terminas comiendo mucho menos. Y ahora que he cambiado a mantras positivos y he modificado mi perspectiva sobre la alimentación en general, como lo que se me antoja. Me escucharon bien. ¡Cualquier cosa que se me *antoje*! ¿Por qué? Porque cuando has asumido la realidad de que el alimento es *nutrición para tu cuerpo*, ya no le das un poder a las "comidas prohibidas", como las galletas o las papas fritas. Tampoco comes en exceso. Puedes comerte una mantecada, pero te garantizo que no te la terminarás o no ansiarás comerte otra. Cuando comes con conciencia, no quieres toda la caja de galletas *Óreo*. Estás alimentando tu alma con energía positiva. No necesitas llenar el estómago con toda una charola de *brownies*.

Querida Jen:
No me conoces...

Estaba revisando mis correos electrónicos y había uno de una mujer llamada Clare que llamó mi atención.

Tenía que enviarte una nota para agradecerte...

Rápidamente busqué en mi bandeja de entrada para ver si había alguna otra cosa que necesitara mi atención antes de responderle a

Clare. Un correo electrónico con una línea de asunto que decía: "TRABAJO—URGENTE" saltó a la vista. Era de mi mamá.

Estamos buscando narradores entusiastas con experiencia en redacción, producción y entrevistas.

Suena bastante bien.

Trabajo sin goce de sueldo, pero una oportunidad increíble en el tercer mercado más grande.

¡GRRRRR!

Pocos minutos después de leer el correo de mi mamá, ya me estaba llamando por teléfono.

—Iba a llamarte en este momento—le dije—. Mamá, ¿me estás mandando una oferta de empleo que no tiene salario?

Mi seguro de gastos médicos, que pagué con mi monólogo en el teatro, estaba a punto de expirar y, como yo, mi mamá estaba empezando a preocuparse.

—Mamá, si vas a mandarme las ofertas de empleo, por favor asegúrate de que sea del tipo de trabajo fabuloso con grandes beneficios. No las increíbles oportunidades, pero sin sueldo.

—Sólo trato de ayudar —dijo mamá.

—Lo sé y te lo agradezco. Luego te llamo —respondí y colgué.

Regresé al correo de Clare y lo leí completo.

Me estaba preguntando si te puedo invitar a cenar para explicarte la manera en que tu libro me ayudó a conseguir el trabajo de mis sueños.

Aunque en general no salgo a cenar con perfectos desconocidos, Clare había recibido mi libro de una amiga mutua llamada Amy, así que las tres hicimos planes para ir a comer *sushi* un jueves por la noche.

—Hola —dijo Clare, lanzándose a darme un abrazo en cuanto nos encontramos. Tiene unos grandes ojos de apariencia amable y una sonrisa encantadora.

—Me alegro de que nos hayamos reunido —dijo Amy, mientras entrábamos al restaurante.

Nos acomodamos en nuestra mesa y pedimos cocteles. Luego Clare me contó cómo había llegado mi libro a sus manos.

—Amy me decía constantemente que quería que leyera tu libro. Pero soy una lectora quisquillosa, así que lo tuve en mi mesita de noche durante un largo tiempo. Debes saber que apenas toco la superficie de las aguas esotéricas —rió—. En realidad no soy nada aficionada a los médiums o a la lectura de energías. Quizá esa es la razón por la que me resistía a leer tu libro, porque Amy ya me había contado un poco sobre el tema y que deseaba visitar a una de las médiums que mencionas en tu libro. Luego, una noche, mientras caminaba con mi perro, conocí a una mujer que estaba con su hija pequeña. La niña se puso a jugar con mi perro y empecé a platicar con ellas. La mujer mencionó que es directora general de asesoría. Le conté que estaba pensando en iniciar un negocio y que me serviría contar con orientación. Así que intercambiamos información y me dio su tarjeta. Le envié un correo electrónico a Amy cuando llegué a casa contándole que había conocido a una mujer maravillosa llamada Therese que estaba dispuesta a asesorarme...

—¡Y no era cualquier Therese! — interrumpió Amy a Clare—. Era Therese *Rowley*.

—Espera un momento, ¿conociste casualmente a Therese en una calle de Chicago? —pregunté.

—Sí. Y ni siquiera sabía quién era ella en relación con tu libro, porque todavía no lo había leído. Simplemente pensé que era una agradable coincidencia que, siendo que yo necesitaba asesoría, me encontrara con esa oportunidad en plena calle. Desde hacía meses, Amy había estado hablando de pedir una sesión con Therese, pero no establecí la relación con el nombre. Como te dije, no estoy demasiado interesada en el tema —dijo Clare, mientras sacudía levemente la mano—. ¿Y qué probabilidad hay de que te topes en la calle de una ciudad con esta mujer específica, entre nueve millones de personas? De ese modo es que decidí leer tu libro.

Después de que Clare leyó el libro, comenzó a modificar su vocabulario.

—Fue por la parte del libro en la que hablas de que al decir *deseo* o *necesito*, literalmente estás creando más *deseos* y *necesidades* —explicó.

—Porque estás recibiendo lo que pides —añadí—. Todo tiene que ver con la energía detrás de lo que estás declarando.

—¡Exactamente! —señaló Clare—. Pero si le agradeces por anticipado al Universo como si ya tuvieras lo que pides...

—Tu suerte cambiará —interrumpí.

—Sí. De modo que todos los días decía: "Te doy gracias anticipadas, Universo, por el trabajo que me acerca un paso más a mis niñas en Guatemala".

Clare es voluntaria de un orfanato en Guatemala que fabrica joyería para venderla en EUA. Las ganancias obtenidas de la joyería se utilizan para el pago de alimentos, techo y ropa para las niñas. Ésta era la pasión de Clare.

—Las cosas estaban poniéndose color de hormiga en mi empleo y me habían informado que era probable que me despidieran. Así que me fui de voluntaria con las niñas en mi viaje anual a Guatemala y me invitó a comer uno de los fundadores de la organización. Se me quedó viendo y dijo: "¿Te gustaría administrar nuestra fundación? Queremos llevar las cosas al siguiente nivel".

Luego de unos cuantos meses, Clare dejó su viejo empleo, el cual odiaba, y ahora trabaja tiempo completo para las niñas de Guatemala.

—Así que gracias —dijo Clare, sosteniendo su copa para hacer un brindis—. Me abriste los ojos a la posibilidad de que pudiera tener exactamente lo que deseaba.

Conforme escuchaba a Clare, estaba asombrada de que mi reacción fuera, de hecho, de absolutos celos. Aquí me encontraba recibiendo las gracias por haber escrito sobre cómo conseguir tus sueños —como si tuviera todas las respuestas— y, sin embargo, no podía saber cuándo obtendría mi siguiente trabajo. Con regularidad le había dado gracias anticipadas al Universo por conseguir estacionamiento y por digerir bien la comida, ¿pero me olvidaba de hacer lo mismo por mi carrera? ¿Quizá no estaba haciendo lo suficiente? ¿Acaso no me estaba conectando con mis propósitos? Estaba agotada de toda esta verborrea *espiritual* y tan sólo quería que alguien me llamara para ofrecerme un contrato jugoso que me permitiera pagar el seguro médico de mi familia.

—Tan sólo estoy sembrando una semilla —dije—. Tú fuiste la que le diste agua y la dejaste crecer.

Me pregunté cuánta agua necesitaba darle a mi planta para poder subirme al mismo barco que Clare.

—Conozco mucha gente que ha empezado a hacer esto mismo, y están obteniendo resultados fabulosos —dijo Amy.

Qué bien. Más gente que logra cumplir sus sueños. ¿Necesitan alguna escritora?

—Recuerda que yo no estaba metida en nada de esto —señaló Clare—. Pero ahora estoy empezando a abrir un poco más mi mente.

—Me alegro que me hayas compartido esta experiencia —dije—. Voy a tratar de practicar un poco más lo que predico.

A la mañana siguiente, mientras le agradecía al Universo por digerir a la perfección mi desayuno y que *no* se fuera directamente a mi trasero, añadí un mantra sobre el trabajo.

Gracias por los empleos que me traen dicha y me ayudan a pagar mi hipoteca. Gracias por ayudarme a recordar que todo es posible y que hay suficiente para todos. Gracias por enviarme a Clare y Amy para que me recuerden esto. Gracias.

Capítulo 7

No bebas ese *kool-aid* *

☞ *NO te pierdas por culpa de un gurú...*

La Iglesia de Nuestra Señora de Todos los Santos puso su respuesta final para el debate con la Primera Iglesia Presbiteriana:

TODAS LAS PIEDRAS
VAN AL CIELO.

—¡Estoy embarazada! —gritó mi amiga Julie por el teléfono.

Había intentado cualquier cosa para concebir, desde la fertilización *in vitro* hasta las clínicas de fertilidad, y nada funcionaba. Como último recurso decidió ir a una lectura con Therese. Como su crianza había sido cristiana, sólo se atrevió a ir cuando supo que Therese era católica.

—¿Qué tan malo puede ser? —bromeó.

Therese examinó las energías de Julie y vio que era la encargada del cuidado emocional de sus *dos* padres y que, por este papel tan agotador en la vida, parte de su inconsciente no quería que se volviera madre de un bebé.

---

* La expresión "beber ese *kool aid*" se ha vuelto popular en EUA para referirse a la creencia absoluta en un líder mesiánico, y proviene de la tragedia ocurrida en 1978 en Jonestown, Guyana, donde los seguidores del pastor Jim Jones se suicidaron en forma colectiva con cianuro, aparentemente mezclado con esa popular bebida. (N. de T.)

—Ya tienes demasiadas responsabilidades y, a nivel inconsciente, proporcionar estos cuidados representa toda tu identidad, pero hay mucho más en ti que ese papel. También tienes una herida relacionada con tener hijos que aún no has resuelto, y por la que todavía no te perdonas a ti misma —dijo Therese.

La otra gran revelación era que Julie había tenido un aborto durante la adolescencia, por lo que creía no merecer la maternidad.

—Dios te ama y quiere que seas madre. Cuando te perdones a ti misma, el niño vendrá —le informó Therese.

Dos meses después, Julie estaba embarazada.

—Estoy tan contenta por ti —le dije, luego de que Julie me contó los resultados de su lectura—. ¿No te parece muy extraña la manera en que nuestros juicios y culpas interfieren con el logro de nuestra felicidad?

—Antes no era creyente, pero ahora lo soy— dijo Julie.

Luego de colgar con ella, decidí que era momento de que yo misma me hiciera una "afinación" energética.

—Hola, Therese, soy Jen —dije al grabar un correo de voz—. Necesito una lectura.

Había estado teniendo un par de lecturas por año con Therese desde que la conocí en 2001. Si tenía alguna discusión con un colega o problemas con mi familia, una llamada rápida a Therese los alejaba, y siempre me hacía sentir mejor. Las sesiones con Therese son para mí como "sesiones con un quiropráctico del espíritu", sólo que los beneficios duran por meses, si no es que por años.

—¿Qué te parece a las dos de la tarde? —me preguntó al regresarme la llamada.

—Allí te veo —respondí.

Aunque no tienes que ver a Therese en persona para que la sesión sea efectiva, me gusta ver sus expresiones faciales cuando me habla sobre mis vidas pasadas o "lecciones del alma".

—¿Qué cosas te ocupan ahora? —preguntó Therese cuando me senté en la silla de su oficina.

—Me he estado preguntando por qué no me llegan llamadas de trabajo —dije.

Therese cree que todos tenemos lecciones del alma que se presentan continuamente durante nuestras vidas. Todos tenemos lecciones del alma diferentes. Si no las resolvemos, se seguirán presentando con diferentes apariencias. En mi caso, he descubierto que es la *necesidad* de reconocimiento.

Therese se concentró y cerró los ojos. Luego de un par de minutos, comenzó a mover rápidamente las manos. Yo seguía esperando que empezara a narrar alguna historia o que diera una descripción de lo que veía en mi campo de energía. No dijo nada.

—El espíritu me dice que no hable —declaró.

—¿Cómo?

—Estás tan estancada en las palabras —explicó— que simplemente se supone que haga un trabajo con tu energía y que no hable.

Qué tomadura de pelo.

—¡Pero me *gusta* cuando hablas! —protesté. La mejor parte sobre las lecturas con Therese son las grabaciones que llevo a casa y comparto con los demás.

—Te estás volviendo demasiado dependiente de las palabras o de la narrativa. Tienes que estar en silencio durante un tiempo —dijo—. Eso es lo que estoy escuchando que debo decirte.

Empecé a preguntarme si no estaría en lo cierto. Había llegado al momento en que si me preocupaba por alguna cosa, le pedía a Therese que "alejara" la preocupación o a la persona y entonces quedaba estancada en el asunto.

—Olvidas que tú también tienes ese poder —continuó—. Te estás volviendo demasiado dependiente de estas sesiones.

Durante la siguiente hora y media, Therese sólo movió las manos y trabajó con mi energía. Al salir, no me sentí realmente centrada, pero estaba muy triste de no tener un archivo de mp3 lleno de historias que pudiera escuchar mientras me ejercitaba en la caminadora durante las siguientes semanas.

Luego de unos días, recibí un paquete que me entregaron por correo.

"Por favor, disfruta de este DVD", decía la nota.

Una mujer que me había entrevistado en radio me contó la historia sobre un sanador llamado el Maestro John Douglas y me enviaba sus pláticas en DVD.

—Cambió mi vida —me dijo.

El Maestro John era australiano. A una edad muy temprana había adquirido la capacidad para ver la energía de la gente e incluso podía escuchar sus pensamientos. Decía trabajar para lo que él llamaba "Maestros Ángeles" con el propósito de sanar, y que podía medir las frecuencias energéticas dentro del cuerpo o en los mundos espirituales.

Inserté el DVD y lo observé hablar. Desde que salió mi primer libro, gran cantidad de discípulos de sanadores o escritores se han acercado a mí, pero había algo en la energía y actitud del Maestro John que lo hacían ser muy relajante. Sabía que tenía que conocerlo la siguiente vez que viniera a Chicago, ya fuese que me "sanara" o no.

—BIENVENIDA —dijo la mujer que me recibió en la entrada del seminario del Maestro John.

Me entregó una pila de CD y algunos materiales impresos.

—Realmente disfrutarás estas meditaciones —comentó.

Tomé mi paquete y encontré un asiento.

He acudido a bastantes seminarios sobre temas espirituales, pero en esta reunión en particular se sentía algo palpable en el aire. La mayoría de los asistentes eran seguidores férreos del Maestro John, y yo me sentía un poco preocupada de que me dijeran que tenía que vestirme con un traje deportivo morado para poder quedarme.

En apariencia, éste era el segundo día del seminario. Intenté mantener la boca cerrada para que nadie supiera que estaba "haciendo trampa" por haberme saltado el primer día. Escuché discretamente a todas las personas que narraban sus historias del día anterior.

—Realmente sentí el cambio en energía cuando tomamos la caminata entre los árboles, ¿no les parece? —dijo un hombre.

—Todo el tiempo pongo mi CD de *Reparación de ambientes* en casa —contó una mujer—. Mi sistema de estéreo se descompuso cuando salí de la ciudad durante el fin de semana. Y cuando regresé, la energía en mi casa era oscura y sombría. No pude tolerarlo hasta que puse la *Reparación de ambientes*.

Eso suena a demasiado esfuerzo. ¿En qué me estoy metiendo?

—Algunos pacientes vinieron y mi iPod se descompuso —dijo una fisioterapeuta—. Así que no pude poner mi *Reparación de ambientes*. Les dije a mis pacientes que se fueran a casa porque no podría continuar con mis sesiones. Simplemente no sería lo mismo.

¿Qué es la "Reparación de ambientes"?

Estoy a favor de respetar los talentos de los demás, pero algunas de estas personas parecían estar llevando las cosas demasiado lejos.

Por último, el Maestro John se levantó para tomar la palabra. Tenía un rostro muy dulce, con una mirada cordial y un tono tranquilizador en la voz.

—Si pudieran ver cómo afectan los pensamientos negativos a su campo de energía, nunca volverían a tener un pensamiento de ese tipo —dijo—. Es como revolcarse en el lodo con su mejor traje. Cada uno de nosotros tiene una vibración única. De hecho, yo puedo ver hasta qué grado están dedicándose a alcanzar su senda superior.

Pensé en hacer el intento de obtener una entrevista con el Maestro John, pero ¿qué tal si me decía que estaba en la senda *equivocada*?

—En mi adolescencia era capaz de aliviar el dolor de la gente al transmitir energía por medio de mis manos —continuó—. En realidad no sabía lo que estaba haciendo, pero podía ver que sí transmitía amor y sanación, de manera intencional, a través de la energía de mis manos.

Habló sobre la ocasión en que, al observar a un político que se había lanzado a la candidatura para un cargo público en Australia, pudo ser capaz de ver cómo se cerraban sus chakras cuando no estaba diciendo la verdad.

—Se constriñeron y se oscurecieron —explicó.

Una mujer se levantó para hablar sobre la manera en que el Maestro John le había ayudado a librarse de la enfermedad de Lyme.

—Ahora ya no sufro dolor y se lo debo al Maestro John —declaró.

Según afirmaba, el Maestro John pasó las manos sobre su cabeza y había eliminado el virus. El concepto me pareció totalmente imposible, pero cada vez más personas hablaron sobre su capacidad para sanar por medio del tacto.

¿Cómo puede ser?

—Existe una fuerza energética universal —explicó el Maestro John—. Necesitamos abandonar el temor y amarnos a nosotros mismos. Y si los individuos no han perdonado a aquellos que les han hecho daño, se aferran a gran cantidad de enojo encerrado dentro de sus células, lo cual provoca dolencias y enfermedades.

Una mujer levantó la mano para hacer una pregunta.

—John, nunca antes te he hecho esta pregunta, pero tengo una relación muy estrecha con mi abuela fallecida. Me agrada pensar que a veces cuida de mí. ¿Crees que los seres queridos que han muerto también pueden ayudarnos a sanar?

El Maestro John se balanceó sobre sus piernas y frunció el ceño.

—Bien, debo decirte que en el Otro Mundo hay gran cantidad de energías oscuras que querrán inhibir tu crecimiento espiritual. No trataría de hacer contacto con *nadie* que haya fallecido. Creo que lo mejor es dejarlos en paz.

No podía creer lo que estaba oyendo.

¿Dejarlos en paz?

He pasado todos estos años diciéndole a la gente que incluyan a sus seres queridos muertos y que busquen los indicios de su presencia, ¿y ahora este sanador está diciendo que todas mis investigaciones son fallidas?

Quizá estoy en la senda equivocada.

Estaba a punto de levantar la mano para hacerles saber que yo tenía *evidencias* de que nuestros seres queridos realmente *pueden* ayudarnos cuando lo necesitamos y que no aparecen como energías oscuras, son *ángeles*; pero en el momento que estaba lista para dejarles saber mi opinión, escuché una voz que decía: "*No es el lugar ni el momento, Jen. No lo hagas aquí*".

Me sentí como un personaje de caricatura al que le hubieran cosido la boca. Y entonces empecé a sentirme triste. Pensé que yo sabía algo de cierto y enfrente tenía a un hombre que en apariencia poseía grandes dotes y que me decía lo contrario. ¿Iba a empezar a creer que todas mis indagaciones eran basura?

El Maestro John estaba de pie frente a un enorme ventanal y, mientras continuaba hablando, noté que un hermoso cardenal rojo se posó en un árbol detrás de él.

Buen intento, pero es tan sólo una coincidencia.

Luego de unos minutos, un segundo cardenal rojo se posó en la misma rama.

Es otra coincidencia. No puede ser que mi papá me envíe mensajes. Sólo son fantasías.

Un tercer y último cardenal descendió hacia la rama. Nunca antes había visto tres juntos. Eso me hizo soltar una pequeña sonrisa.

Poco después del seminario, fui a comer con la asistente del Maestro John. Esperaba que yo presentara a John con algunos de mis contactos en los medios. Aunque tengo muchos amigos que trabajan en medios de comunicación, no creo que muchos de ellos estén listos para escuchar sobre un sanador que tiene visión de rayos X.

—Debo admitir que en realidad no concuerdo con la teoría del Maestro John acerca de que hablar con los muertos sea algo malo —dije.

—Bueno, él ha tenido experiencias con energías negativas —respondió la chica defendiendo su postura—. Mientras más trabajo de sanación realizas, más espíritus negativos se presentan para tratar de detener tus buenas obras.

—Me parece muy bien. Pero si alguien siente dicha al saber que su madre o su hermano muertos les miran desde el Otro Mundo, ¿qué tiene eso de malo? —Le conté sobre los tres cardenales en el árbol durante la plática del Maestro John.

—¿Sabes? El Universo llega a ti de manera que funciona en tu caso en particular —explicó—. Si tú tienes una sensación de tranquilidad que proviene de tu padre y que se representa a través de los cardenales, entonces seguirás viéndolos. Si alguien más necesita ver un arco iris, verá un arco iris. Todos tenemos nuestra manera única de llegar a ese punto.

Hizo pausa por un momento mientras ponía más limón a su té.

—Después de nuestro último viaje a Fairfield, Iowa, un hombre me llamó y me pegó de gritos. Dijo: "No necesito de los Ángeles Maestros del Maestro John para que me sanen, puedo usar a mis propios guías y ángeles para que me ayuden". Y le contesté: "Tiene usted toda la razón. Los métodos del Maestro John no son el único medio para sanar. Pero creo que si usted *usa* al maestro, le sanará *más rápido*".

¿Cómo lo sabe?

—El Maestro John es un sanador sumamente hábil y hace cosas que otros sanadores no pueden lograr. Lo he visto con mis propios ojos desde hace años —concluyó.

—Pienso que algunas personas se aferran tanto a un sanador, que ya no son capaces de pensar por sí mismas —respondí, recordando mis propias experiencias con Therese. Intenté elegir con cuidado mis palabras, por temor a ofenderla—. ¿Qué no *todos* podemos acceder a esa energía universal de la que habla el Maestro John y sanarnos a nosotros mismos, sin necesidad de un gurú que lo haga?

Recordé una de las citas bíblicas favoritas de Therese, que a menudo me dice, y que proviene del Evangelio según San Juan, capítulo 14, versículo 12: "En verdad les digo que cualquiera que tenga fe en mí puede hacer los mismos milagros que yo, y *ustedes harán incluso cosas más grandes que estas,* porque yo voy hacia el Padre".

—Piénsalo como si estuvieras escuchando a un músico —dijo—. Vamos a suponer que a ti te gusta John Denver o incluso Beethoven. Puede ser que te guste su música, pero si intentas tocarla tú misma, no tendrás su nivel de habilidad. Ellos tuvieron un don que nutrieron y practicaron durante años. Puedes apreciar su esfuerzo, pero si decidieras que quieres ser una compositora, no podrías escribir música de la misma calidad.

—Entonces se trata de apreciar y respetar los dones, en vez de perderse por completo en ellos —respondí—. Quisiera que más personas utilizaran esas palabras en lugar de hablar de *veneración*. Pienso que la *veneración* tiene más que ver con la egolatría. Los gurús y sanadores deberían inspirar, motivar y enseñar. Pero si insisten en que los veneres, no es de eso de lo que tratan las enseñanzas espirituales.

El Maestro John no parecía tener un gran ego. Pero durante años he visto a muchos escritores y sanadores que predican la "espiritualidad" y que, al mismo tiempo, dan órdenes a sus *devotos* asistentes como si fueran un trozo de chicle pegado a la suela de su zapato.

—Me gustaría tener aún mi programa de radio —comenté—. De inmediato entrevistaría al Maestro John. Sería una conversación muy inspiradora.

Perdí mi trabajo en la radio después de regresar de mi permiso de maternidad, cuando un nuevo jefe trajo a su propio equipo.

—El otro día estaba viendo a Oprah —dijo la asistente—. El Dr. Oz estaba hablando de que los físicos tienen una ecuación que prueba que existen once dimensiones diferentes que ocurren al mismo tiempo. Entonces el Dr. Oz vio hacia la cámara y dijo: "Si cualquiera de ustedes conoce a alguien que vea más de once dimensiones, ¡llámenme!" Pues bien, el Maestro John ve más de once dimensiones. No conozco a muchos sanadores que puedan afirmar lo mismo.

De pronto se me prendió el foco. Era buena amiga del productor ejecutivo del programa del Dr. Oz en Oprah Radio.

—Creo que el Maestro John debería conocer a mi amigo John St. Augustine —dije—. Trabaja con el Dr. Oz.

LA CENA con los *dos Johns* se realizó una semana después. Le conté a "San" John sobre mi experiencia con el "Maestro" John, y sobre lo confusa e intrigada que estaba con sus declaraciones de tener poderes de sanación. Desde que había tomado el trabajo en Oprah Radio, "San" John había recibido propuestas de cualquier cantidad de sanadores y escritores en el planeta, de modo que el currículum del Maestro John no le intimidó.

Cuando nos sentamos a comer, empecé a sentir un dolor ardiente en mi riñón izquierdo. Desde hacía semanas me estaba molestando. Había ido al médico en dos ocasiones; otra vez tuve que acudir a la sala de urgencias y, después de dos resonancias magnéticas, el médico no tenía indicios de qué causaba la molestia.

Sin darme cuenta, estaba haciendo muecas cuando nos sentamos a la mesa y el Maestro John se percató de ello.

Entrecerró los ojos y colocó sus manos al frente, como si estuviera midiendo algo.

—Tu riñón es sumamente ácido. Está en 10 de 10 —dijo, agitando todavía sus manos frente a sí.

¿Cómo supo que era mi riñón?

Con uno de sus dedos comenzó a dibujar círculos en el aire, con los ojos aún entrecerrados.

"San" John dirigió la vista hacia mí y murmuró entre dientes:

—¿Qué está haciendo?

—No sé —le murmuré como respuesta.

En ese momento, sentí como si alguien estuviera masajeando mi riñón. No sé cómo podía ocurrir todo esto, pero sentí que algo se movía dentro de mí y en definitiva *no* se trataba de indigestión.

—Estoy curando un poco aquí y sacando el ácido —dijo, mientras seguía moviendo los dedos.

—¿Sientes algo? —preguntó "San" John.

—Sí. Se siente como si me estuvieran dando un "masaje interno". Es de lo más raro.

Luego de unos minutos, dejó de girar los dedos y abrió los ojos.

—Sigue estando bastante ácido. Vas a requerir un tiempo para eliminar ese ácido por completo de tu sistema. Deberías conseguirte de inmediato unos minerales traza.

—¿Minerales qué? —pregunté.

—Los puedes conseguir en cualquier comercio naturista y te servirán para equilibrar esa acidez.

—Bien —respondí, procesando aún lo que acababa de suceder.

El Maestro John continuó informando a "San" John sobre sus puntos de vista.

—La gente tiene muchas limitaciones para sanar —dijo el Maestro John—. Es posible que su cuerpo físico esté lleno de energía emocional negativa, que es peligrosa, misma que la mayoría de nosotros creamos a diversos grados durante nuestra vida. Las energías en general bloquean el flujo bioeléctrico de nuestras células y afectan al nivel físico, produciendo debilidad.

Me pregunté qué tipo de energías emocionales negativas causaban mi dolor de riñón.

—Para ayudar a la gente a romper los patrones disfuncionales, trabajo con los Maestros Ángeles para reemplazar las creencias negativas con amor, lo cual da a las personas la oportunidad de evolucionar y obtener la curación.

Un par de días después de nuestra cena, fui a *Whole Foods* y compré mis "minerales traza" o como se llamen. Era un líquido transparente que pones en agua y que tiene un sabor tan desagradable que tuve arcadas durante cerca de cinco minutos luego del primer trago. Pero debo reconocer que mis dolores renales desaparecieron en cuestión de días.

—Estoy empezando a creer que este tipo es real —le comenté a "San" John por teléfono—. No puedo explicarlo, pero mi dolor desapareció y tú sabes que lo he intentado todo.

Me podía imaginar una reunión entre el Maestro John y Oprah, y me pregunté cómo reaccionaría ella a los movimientos con los dedos y a los ojos entrecerrados de John mientras le curaba la tiroides con un movimiento de su mano.

—Voy a entrevistarlo para mi programa —dijo "San" John. Tenía un espacio en radio en Oprah Radio todos los sábados—. Luego le daré el CD al Dr. Oz para ver cómo van las cosas.

Cuando terminé la llamada con John, me percaté de que una mujer venía pegada con su coche a mi defensa trasera. Miré al velocímetro y vi que mi velocidad estaba dentro del límite.

Quizá tenga una urgencia. Espero que todo esté bien.

Cambié de carril a la derecha para cederle el paso. Era una linda noche y ambas teníamos las ventanillas abajo. Al llegar a mi lado, vio hacia mí y grito: "¡Aprende a conducir!", antes de acelerar y alejarse.

¡Qué cabrona!

Me adelanté hasta alcanzarla y me sorprendió ver que "doña impaciencias" tenía como cinco calcomanías diferentes acerca de Jesucristo. Tenía de todo, desde "Jesús me ama" hasta "toca el claxon si AMAS a Jesús". Era obvio que esta mujer era una gran seguidora de Cristo y quería que todo el mundo lo supiera.

Llegamos al semáforo y ahora me encontraba a su lado. (¿No les encanta cuando la persona que rebasa a gran velocidad termina junto a uno en el semáforo?) Estaba hablando por el celular y gritándole a la persona con quien hablaba.

—¡Ésas son estupideces, Allan! — dijo a gritos.

Empecé a sentir verdadera lástima por este fulano al que no conocía y que se llamaba *Allan*. La mujer escupió más obscenidades de las que sueltan mis primos después de unas cuantas cervezas. Le lancé una mirada desaprobatoria. Tenía una cruz que colgaba del retrovisor. Para una mujer que afirmaba ser seguidora de Jesús, ¿no debería estarse comportando un poco más a la manera de Cristo?

Al continuar con su diatriba, no pude evitarlo, bajé mi radio y grité por la ventanilla.

—Oiga, ¿qué haría Jesús?

Como éste era uno de los mensajes pegados en la defensa trasera de su auto, imaginé que estaría familiarizada con la frase.

Bajó el teléfono, me miró directamente a los ojos y dijo, "¡Jesús no se metería en los *malditos* asuntos ajenos!".

El semáforo cambió a verde y su Lexus se alejó de mi vista.

Tengo muy poca tolerancia para los cristianos que tratan mal a todo el mundo y luego se sientan en la primera banca de la iglesia todos los domingos, con una enorme sonrisa en el rostro. Es probable que esta mujer pensara que si se arrepentía por ser una desgraciada, eso desharía toda la negatividad que lanzaba con frecuencia al resto del mundo.

¿Jesús no se metería en los malditos asuntos ajenos?

Es posible que tenga razón, pero no creo que Cristo hubiera estado persiguiéndome para decirme que "aprenda a conducir". ¡Con un demonio que no! Y aunque no he ido a la iglesia por un tiempo, estoy bastante segura de que nunca, *jamás,* habría tomado en vano el nombre de su padre. Eso queda para gente como yo, ¡maldita sea!

UN PAR de semanas después, Clay, Britt y yo fuimos a Los Ángeles para visitar a la familia de Clay. Nos estábamos quedando en un hotel y, sólo por diversión, llevé conmigo el CD del Maestro John.

—Pondré la *Reparación de ambientes* en el cuarto del hotel y la *Reparación espiritual* todas las mañanas —le comenté a Clay.

—Si eso te gusta, llégale —dijo él, como muestra de tolerancia para mi reciente experimento psíquico.

El último día de nuestra estancia, Britt corría por el pasillo del hotel a velocidad de la luz y se golpeó la cabeza con la esquina de una pared. Era posible escuchar sus gritos desde dos pisos de distancia mientras regresaba al cuarto. Clay lo hizo entrar, cubrió su herida, que empezaba a inflamarse sobre su ojo izquierdo más rápido de lo que nosotros podíamos encontrar una toalla y hielo.

Me sentí sumamente indefensa al observar cómo la herida de mi hijo iba empeorando cada segundo.

Después de que las cosas se tranquilizaron, Clay fue a ver a su familia y Britt y yo pedimos servicio al cuarto y vimos *Wall-E*.

Al acomodarnos en la cama con nuestras piyamas puestas, saqué el CD de meditación de *Reparación de la salud* del Maestro John, y lo metí en mi computadora.

Coloqué almohadas alrededor de Britt y de mí misma, y formé un pequeño "nido sanador" mientras escuchaba las palabras que provenían del ordenador.

—También serás parte de la creación de un tratamiento sanador y energético para tu cuerpo —decía el Maestro John con su voz tranquilizadora.

Ahora Britt tenía una hinchazón del tamaño de una pelota de golf sobre su ojo izquierdo. Estaba recostado junto a mí, chupeteándose un dedo mientras veía su película.

—Relájate y déjate ir —dijo la voz del Maestro John.

Mientras el CD continuaba, imaginé en mi mente una serie de ángeles que rodeaban a Britt.

Gracias por anticipado, Maestro John y Maestros Ángeles, por ayudar a que la cabeza de Britt mejore.

—Pido esta curación y transformación física...

Sólo son once minutos de meditación, pero cerca de los seis minutos, John dice:

—Ahora activaremos la transformación física del Maestro. Sé muy específico. Alguna transformación ocurrirá al instante.

Visualicé que los ángeles colocaban las manos sobre la cabeza de Britt y le quitaban todo el dolor. Justo entonces, la inflamación sobre el ojo de Britt comenzó a disminuir.

¡No es posible!

Me sentí como si estuviera en la Dimensión Desconocida; hacía un minuto tenía un chichón y al minuto siguiente, nada. Se encogió justo frente a mis ojos.

¿A dónde se fue?

A la mañana siguiente, examinamos con cuidado la herida de Britt a la luz del día.

—Vaya, se ve *mucho* mejor —dijo Clay.

Lo único que quedó fue un ligero moretón sobre su ojo izquierdo. Ya no tenía ninguna raya roja producida por el golpe y tampoco ninguna inflamación. Era increíble.

Cuando regresamos de Los Ángeles, empecé a utilizar con regularidad los CD del Maestro John. Desde la *Reparación de ambientes* en casa hasta la *Reparación del espíritu* en mi auto, me estaba volviendo una verdadera adicta al Maestro John.

—Este CD de *Reparación de la salud* me está siendo de verdadera ayuda —comenté a Clay—. Creo que lo deberías usar para tu dolor del pie.

—¿No vas a tratar de convertir a todo el mundo, verdad? —preguntó.

Clay apoyaba mi reciente pasión, siempre y cuando no significara ir a tocar a las puertas del vecindario.

—Para nada —respondí—. Por lo menos no por el momento...

UNA TARDE, mientras me dirigía a un almuerzo donde daría una charla, encendí el estéreo del coche para realizar mi "limpieza espiritual" de todos los días con el CD de *Reparación del espíritu*. El disco no funcionaba.

¿Qué demonios pasa?

Lo saqué y volví a cargarlo varias veces, y de todas maneras no funcionó.

Saqué mi estuche de CD y extraje el disco de *Reparación de la salud*. No era mi favorito, pero pensé que *uno* de los discos del Maestro John era mejor que ninguno.

Lo cargué en el reproductor y oprimí "play" y, de nuevo, nada salió de las bocinas.

—¡¿Por qué no quieres funcionar?! —grité y le di un golpe al estéreo—. ¡Esto es una porquería!

Estaba tan angustiada que ni siquiera podía enfocarme en lo que iba a decir en la plática.

Jen, sólo tienes treinta minutos. Recobra la compostura.

Al entrar al estacionamiento respiré profundamente e intenté calmarme. Me di cuenta de que me había vuelto tan dependiente de los CD del Maestro John que me sentía indefensa sin ellos.

Recordé a la mujer del seminario que dijo que no había podido dar masajes a sus pacientes sin el CD de *Reparación de ambientes*. Me había vuelto igual que ella.

Traté de motivarme a mí misma.

Gracias anticipadas, Universo, por ayudarme a hacer un buen trabajo en la charla de hoy. Gracias anticipadas por ayudarme a transmitir mi verdad y hablar desde el corazón. Gracias por protegerme y guiarme. Gracias.

Para gran alivio, mi plática fue fantástica, y vendí cuarenta y cinco libros.

Unos cuantos días después, mi hijo estaba en la cocina llorando como si estuviera a punto de estallar.

—¿Qué te pasa, bebé? —pregunté.

Britt estaba sumamente sensible y me cuestioné si no estaría percibiendo mi estrés o preocupación, debido a que siempre estaba angustiada con el trabajo y la economía.

Simplemente pondré el CD de Reparación del espíritu.

Corrí hacia la sala, saqué el CD y lo puse en el estéreo que tengo en la cocina. Mientras la música tocaba, intenté frotar la espalda de Britt; no se tranquilizaba. De hecho, sus gritos se volvieron más intensos.

—¡Bú-Bú! —dijo, mientras se tocaba el estómago.

Britt sufrió reflujo cuando era recién nacido y recientemente había presentado una ligera recaída. Le habían dado Prilosec y Prevacid, y otra serie de cosas desde que tenía dos meses de edad. Yo estaba convencida de que empeoraban la situación, por no mencionar que llenaban su organismo de colorantes y sustancias químicas. Pero cuando Britt recayó, el médico le recetó de nuevo Prevacid.

Debe haber otra solución...

—Usa infusión de manzanilla —me dijo el Maestro John—. En Europa todas las madres que acaban de tener un bebé le dan manzanilla de manera automática a sus recién nacidos. La infusión de esa hierba reduce en forma natural la inflamación del esófago.

Coloqué la tetera en la estufa y corrí a la otra habitación para encontrar el CD de *Reparación de la salud*. No lo podía encontrar por ninguna parte.

Mierda. Está en la oficina.

Regresé con Britt, quien ahora estaba inconsolable.

—Lo siento, mi vida —dije mientras trataba de abrazarlo—. Quisiera poder hablarle al Maestro John para que te imponga las manos.

Sus llantos empeoraron, lo cual me hizo empezar a perder los estribos. Me sentía tan impotente al mecerlo entre mis brazos, y sentí que las lágrimas comenzaban a rodar por mis mejillas. Las sequé lo más pronto posible, con la esperanza de que Britt no las notara.

"Cualquiera que tenga fe en mí puede hacer los mismos milagros que yo".

Empecé a canturrear; es un hábito que tengo desde niña y que he usado para tranquilizarme. Mientras canturreaba y lo mecía, Britt empezó a calmarse. Y yo también.

Gracias anticipadas, Universo, por ayudar a calmar a mi hijo. Gracias ángeles por quitarle el dolor. Gracias por ayudar a Britt a sentirse seguro. Gracias por ayudarle a sentirse amado. Gracias por ayudarme a sentirme amada.

Britt dejó de llorar. Luego de un par de minutos, sentí que estábamos respirando al mismo ritmo. Desapareció la tensión de mis hombros y con lentitud empezamos a balancearnos como en una mecedora. Al centrarme en mí misma y en mi energía, pude apaciguar sus reacciones, al igual que las mías.

Me abrazó con fuerza y sentí que una increíble cantidad de amor brotaba de mi pecho hacia él. Era casi como si me sumergiera en un baño tibio. La sensación llenaba cada una de las células de mi cuerpo. En ese momento no necesitaba nada más.

No creo que antes haya sabido lo que *era* el amor hasta que di a luz a mi hijo.

AL DÍA siguiente recibí un mensaje de John St. Augustine. Lo único que dijo fue: "Háblame".

Le marqué en cuanto entré a mi oficina.

—¿Qué pasó? ¿Oprah conoció finalmente al Maestro John? —dije en broma.

—No. Es que tuve un sueño realmente intenso y supe que tenía que contártelo —respondió.

Recuerdo haber llamado a John y haberle dicho exactamente lo mismo unos cuantos años antes de que empezara a trabajar para Oprah. Soñé que se suponía que debería decirle: "Tú eres Oprah y Oprah es tú. Todos somos uno mismo. Ninguno es mejor que otro. Tan sólo recuerda que *tu* historia es tan importante como la suya y la de cualquiera de las demás personas". Al despertar de mi sueño, me levanté de la cama a mitad de la noche y le envié un correo electrónico antes de que se me olvidara el mensaje.

Aunque John trabajaba en un verdadero centro neurálgico de la espiritualidad, preferiría estar comiendo un sándwich de carne en un juego de béisbol que bebiendo te verde en un retiro de yoga. A pesar de su lado práctico, tenía un sexto sentido que era mejor que el de la mayoría. Y siempre pasaba los *mensajes* cuando le llegaban con claridad absoluta.

—¿Qué soñaste? —le pregunté.

—Estaba con John Denver —respondió.

John había sido amigo del finado cantante y quedó deshecho cuando murió.

—Estábamos caminando y terminamos en un pequeño aeropuerto iluminado por el sol. Yo tenía que tomar un avión y él dijo: "También yo". A la derecha había un pequeño avión de una plaza que parecía más como una pequeña nave espacial. Caminó hacia él y se subió. El mío era un enorme avión plateado de cuatro turbinas. Me subí al avión y no había piloto, así que procedí a despegar. Entonces, por el altavoz, se oyó un anuncio: "Ha habido un choque y tenemos que aterrizar de inmediato". Mi avión aterrizó..., y hacia la derecha estaba el pequeño avión de John contra una enorme roca. Corrí hacia él y abrí la cabina; me miró como si dijera "¿qué te pasa?". Le pregunté: "¿Estás bien?", me respondió que sí, y le dije: "Qué bueno, porque no podemos volverte a perder". Entonces me miró directamente, puso su mano derecha sobre la mía y señaló:

"No te preocupes por mí. Lo que no puedes permitirte es perderte a ti mismo. Asegúrate de no perderte a ti mismo".

—Así que no te pierdas a ti mismo —repetí.

—Sí. Supe que tenía que contártelo. No sé qué ha estado pasando contigo, pero quería transmitirte el mensaje. No te pierdas, ¿eh?

—Gracias, John —dije—. De alguna manera supiste que necesitaba escuchar eso.

AL DÍA siguiente le conté a Therese sobre mi experiencia con Britt en la cocina.

—A veces tenemos que sumergirnos por completo en algo para saber qué herramientas podemos utilizar en nuestra rutina diaria —comentó—. En este mundo de lo espiritual sucede todo el tiempo. Adoptas una teoría o una práctica y la sigues fielmente durante un tiempo. A menudo le llamo "el sabor del mes". Entonces puedes discernir qué partes te funcionan mejor, las adaptas y, en ese proceso, descubres más cosas sobre ti misma.

Me había obsesionado tanto con las capacidades de otro sanador que había olvidado que yo podía tranquilizar a mi propio hijo.

¿Qué es con exactitud mi ser auténtico?

Aunque disfruto de los CD del Maestro John, también aplico las lecciones de don Miguel Ruiz, Jesús, Buda y mi abuela Virginia. Me gusta tomar un poco de aquí y un poco de allá.

Decidí que soy un plato surtido y sé que no estoy sola en ello.

CAPÍTULO 8

Comer, jugar, reír

☞ *Consiéntete*

Mensaje de la Iglesia Episcopal de San Cirilo:

> QUEDARSE EN CAMA
> Y GRITAR
> "¡DIOS MÍO!"
> NO CONSTITUYE IR
> A LA IGLESIA

—¿CÓMO TE mantienes en tan buena forma? —estaba cambiando de canales cuando me topé con una entrevista de Oprah con Gwyneth Paltrow.

—Hago ejercicio dos horas diarias —respondió Gwyneth.

¿Dos malditas horas?

Casi arrojé el control remoto contra la televisión. Yo apenas contaba con veinte minutos para ir al gimnasio y ahora esta mujer bellísima le anunciaba al mundo: "Puedes verte como yo, siempre y cuando tengas un entrenador personal, y dos horas al día para esculpir tu cuerpo".

Entonces, ¿qué hace el resto del mundo?

—¿Por qué Oprah no hace un programa sobre lo que la gente *real* puede hacer para mejorarse a sí misma en dos *minutos*, y no lo que las celebridades pueden lograr en dos horas? —grité por el teléfono; mi amiga Missy y yo estábamos viendo televisión y hablando al mismo tiempo.

—¿Entonces vamos a hacer un viaje o qué? —preguntó ella. Missy era una de mis amigas más antiguas de la secundaria y vivía en la

Costa Oeste. Desde hacía meses habíamos estado analizando la posibilidad de un viaje sólo para mujeres, pero de alguna manera la vida diaria siempre se cruzaba en nuestro camino.

—Sí. Anotemos una fecha en el calendario —respondí.

Recuerdo las palabras de la reconocida autora Caroline Myss cuando la entrevisté acerca de su libro, *El contrato sagrado*.

—Cada persona debería hacer un poco más por sí misma —me dijo—. En esta sociedad pensamos que eso es egocéntrico o narcisista, pero en realidad se trata de *centrarse* en el ego más que ser ego-*céntrico*. Es como colocarte tú la mascarilla de oxígeno antes de ayudar a tu hijo cuando un avión va en picada. Si de vez en cuando haces un poco más para cuidar de ti misma, serás una mejor madre, esposa, compañera de trabajo y miembro de la familia.

—El jueves próximo voy a Chicago. ¿Por qué no cenamos y decidimos qué vamos a hacer? —dijo Missy.

—Ay, lo siento, esa noche voy a presentar a Liz Gilbert en el Auditorium Theater —dije—. Es la escritora del libro *Comer, rezar, amar*.

—¡Qué bien!

—Te consigo un boleto y después podemos salir juntas.

A MEDIDA que se iba acercando ese evento, me emocionaba cada vez más. Liz Gilbert había alcanzado los hitos que muchos escritores sólo podemos soñar. Su libro estuvo en la lista de mejor vendidos del *New York Times* durante dos años, y ahora Julia Roberts era la protagonista de la película basada en esa obra.

—Tu manera de escribir me recuerda totalmente la suya —dijo mi mamá—. ¿Cómo es posible que *tú* no estés vendiendo boletos para una presentación en el Auditorium Theater?

—No es tan fácil, mami —suspiré.

Aunque mi mamá trataba de animarme, parte de mí sí esperaba que quizá —y sé que esto parecía una locura total— alguno de los amigos de Liz en Chicago hubiese leído mi libro y le dijera que disfrutaría mi trabajo. Cosas más raras se han visto, ¿no es cierto?

Su publicista me presentó con ella como "Jenniffer Weeegal", así que no creo que mis esperanzas se vieran cumplidas.

No se pierde nada con soñar.

—De hecho, se pronuncia "WAI-GL", —dije, mientras nos estrechábamos la mano.

Liz es una persona con quien es muy fácil platicar. Tenemos el mismo sentido del humor; me dio la sensación de que si nos hubiéramos conocido en circunstancias diferentes, y quizá hubiéramos tenido más tiempo para charlar, se volvería mi amiga. Pero no era el lugar ni el momento. Yo era una mujer a quien habían pedido dar una breve introducción durante su paso por Chicago, y ése era el fin de la historia.

Ahora bien, permítanme explicar qué quiero decir con "breve". En realidad nadie me dijo qué tan larga debería ser la presentación. He realizado docenas de estas introducciones antes, así que no estaba preocupada. La publicista de Liz me dijo que podía hablar sobre mi libro y sobre mi espectáculo. Al terminar, también podría vender mis libros en el vestíbulo junto con Liz.

¿De verdad? ¡Qué buena onda!

Un par de días antes me enviaron el guión de la presentación. En la parte que describía mi participación había una lista de cosas que debía mencionar: "Por favor, apaguen sus celulares" y "Gracias a Barbara's Bookstore y al Auditorium Theater", etcétera. También tenía que mencionar durante cuántas semanas había estado *Comer, rezar, amar* en la lista de mejor vendidos (más de cien) y cuántos ejemplares había vendido (¡seis millones!).

Y luego decía: "Jen hablará durante cinco minutos MÁXIMO".

Estaba en negritas.

Intenté hacer cálculos mentales. Después de todas las indicaciones de rigor, ¿tendría siquiera tiempo de mencionar mi libro o mi monólogo? Probablemente no.

¡Qué mala onda!

—Después de que Liz hable, tú y ella irán a los dos asientos laterales y te entregarán una lista de preguntas del público —dijo la publicista—. Ya las habremos elegido, así que leerás las que te demos.

Lo hacían tan fácil

—Sólo recuerda tomar el micrófono del podio después de la introducción —dijo el tramoyista.

Antes de iniciar la charla, Liz y yo estábamos paradas detrás del telón y tuvimos un minuto para platicar. Nos asombró lo bello que es el Auditorium Theater, pero también el espacio detrás del telón. El techo parecía medir docenas de metros. Casi no podíamos ver dónde terminaba.

—Piensa qué tan caro será pagar la calefacción —bromeó.

—Es como Las Vegas —respondí—. Hermoso, pero todo un desperdicio.

Quería secuestrarla y llevarla al bar de enfrente para que pudiéramos reír mientras tomábamos una copa de vino, lejos de todos los demás, y compartir experiencias. Nuestros viajes son tan similares. Ella buscó la espiritualidad en Italia, India e Indonesia, y escribió un libro al respecto. Yo busqué la espiritualidad en Rockford, Evanston y Lily Dale, y escribí un libro sobre ello. Su libro ha vendido seis millones de ejemplares, y el mío ha vendido cerca de diez mil.

¿Pueden ver las similitudes?

Cuando salí al escenario para presentarla, me sorprendió qué tan glorioso es el Auditorium Theater desde la perspectiva del podio. Solía venir aquí cada navidad para ver *El Cascanueces* con mi papá. Era toda una institución. Ahora estaba parada aquí, hablando ante cientos de personas.

Inicié con los temas de rigor. Bromeé sobre la necesidad de apagar los teléfonos móviles; después de todo, yo me había presentado en el teatro con un monólogo y una noche, cuando llegaba al clímax de la obra acerca de la muerte de mi papá a causa de un tumor cerebral, me vi groseramente interrumpida por las sonoras notas de "Sexy Back" de Justin Timberlake, programada como tono del celular de alguien en la sala.

¡No olvides el micrófono!

Y luego me descubrí contando un par de historias. En realidad no fue de manera consciente o planeada, pero empezaron a fluir. De pronto, escuché un silbido. No era un sonido cualquiera, sino la señal del tramoyista para indicarme que me había pasado de tiempo. Sonó como uno de esos silbidos de "hola, preciosa", que habrás oído al pasar junto a una construcción.

¡Mierda! Espero que Liz no se enoje.

Concluí y me bajé del escenario. Liz pasó junto a mí y subió al podio. La publicista me sonrió y dijo:

—Te pasaste un poquito.

Miré mi reloj y me di cuenta de que hablé durante ocho minutos. Pero ésa no fue la peor parte. ¡Había olvidado el maldito micrófono! De pronto noté que Liz caminaba de regreso de bastidores con el micrófono en la mano. Había abandonado a sus ochocientos fanáticos para hacer lo que yo debí haber hecho. Me sentí como una idiota.

—¿Es tuyo? —preguntó con una sonrisa.

Cuando llegó el momento de las preguntas y respuestas me senté junto a Liz y tomé el montón de tarjetas que me habían pasado. Por suerte, estuve atenta a la charla de Liz, porque muchas de las preguntas de las tarjetas eran cosas que ya había tratado de manera amplia.

Qué bueno que estaba prestando atención.

Bajé las tarjetas y decidí que haría mis propias preguntas. (Ya había cometido suficientes descuidos al olvidar el micrófono y hablar demasiado tiempo, así que no tenía nada qué perder.)

—Ahora que has estado en este recorrido durante un tiempo, ¿hay algo que quisieras haber sabido antes o que desearías haber hecho de modo diferente?

Liz tomó un profundo respiro y pensó durante un segundo.

—Sí. Que está bien decir que *no*. De vez en cuando debes decir "no". La gente querrá que hagas las cosas por ellos o que vayas aquí o allá. Por tu propia salud mental, tienes que decirte "sí" a ti misma y "no" a los demás.

Liz miró hacia el público.

—Y la gente también se molestará o se sentirá decepcionada de ti, pero eso está bien. No puedes complacer a todos, así que practica complacerte a ti misma. Yo hago lo que he dado en llamar "terapia de regazo". Mi gato se sienta en mi regazo durante veinte minutos todos los días. A veces eso termina pareciéndose mucho más a una siesta —bromeó—. Pero es el pequeño regalo que me doy a mí misma. Tengo que hacerlo.

Al terminar, Liz vendió libros en el vestíbulo. A mí también me dieron una mesa, pero estaba debajo de las escaleras, muy lejos de ella. Intenté despedirme, pero Liz estaba rodeada de sus admiradores.

¡Caramba!

—¿Y sobre aquello del viaje sólo para mujeres? —preguntó mi amiga Missy cuando guardábamos mis libros y nos alistábamos para salir del teatro. Ella estaba atravesando por un divorcio y necesitaba tener alguna ilusión para el futuro.

Tienes razón. Como dijo Liz, necesitamos decirnos "sí" a nosotras mismas —respondí.

EN LAS semanas que precedieron al viaje, otra amiga, Laura, tomó el toro por los cuernos y organizamos el "escape sólo para amigas". El destino sería Napa Valley. Laura y yo habíamos hecho muchos videos para las bodegas de vino, y estábamos familiarizadas con el área, así que rentamos una casa y reservamos los boletos.

—No puedo ir —dijo Missy, pocas semanas antes del viaje.

¡¿Qué?!

Hubo complicaciones con su divorcio y, debido a que tenía dos hijos que dependían de ella, simplemente la idea de irse le causaba un cargo de conciencia.

Yo ya había apartado las fechas y reservado mi vuelo. No podía echarme para atrás ahora.

—La próxima vez nos aseguraremos que vayas con nosotras —le dije, intentando animarla.

En un principio el grupo incluía una fuerza de doce mujeres, pero a medida que se iba acercando la partida, comenzaron a juntarse las cancelaciones.

—No puedo dejar mi casa por cuatro días —dijo una—. El trabajo me necesita —comentó otra.

El grupo final incluyó a Laura, a sus amigas Nicole y Jesse, y a mí. Hicimos las reservaciones para los recorridos por los viñedos y fuimos a lindas cenas. Salimos a correr y a pasear en bicicleta. Y como la mayoría de las mujeres, un minuto estábamos riendo y al otro nos sentíamos abrumadas por la culpa de que pudiera estar ocurriendo algún problema en casa.

—¿Por qué es tan difícil despegarse de las responsabilidades? —pregunté una noche durante la cena.

—¡Las mamás felices tienen hijos felices! —dijo Laura, mientras daba un sorbo a su vino.

Nos dirigimos a una de las bodegas para una degustación y, cuando ya estábamos en marcha, un grupo de tres mujeres se unió al recorrido, después de que ya había comenzado.

—Shhhhh —dijo una de ellas a su amiga en ese molesto tono de *borracha*, con todo y un dedo sobre los labios. Intentaban ser respetuosas del recorrido que ya estaba en progreso, pero era demasiado tarde para ello.

Miré a nuestras nuevas acompañantes. Todas eran atractivas y llevaban vestidos escotados, montones de maquillaje y tenían *enormes* senos.

RIIIIIIIIIIIIIIIIING.

El sonido del teléfono móvil atrajo nuestra atención.

—¿Aló? —dijo una de las borrachas con un fuerte acento sureño.

—Voy a golpearlas en la cabeza con una botella de vino —susurré a Nicole.

—Tienes mi apoyo —dijo en broma.

Mientras una de las desagradables mujeres charlaba por su teléfono, las otras dos tuvieron tal ataque de risitas que literalmente estaban *bufando*. Ninguna de ellas podía caminar sin irse de lado.

—¡Esto debe ser una broma! —susurré a Laura.

Nuestro guía estaba tan embelesado con sus escotes que probablemente haya pensado que eran *encantadoras*.

Al terminar el paseo todos los concurrentes estábamos platicando en la sala de degustación y Laura empezó a hacer amistades.

—¿Cómo se enteraron de este viñedo? —preguntó al "Trío de Texas".

—Les pido una disculpa —dijo una morena del grupo—. Hemos ido a degustaciones desde las nueve de la mañana.

¡Nunca me lo hubiera imaginado!

—Es el quincuagésimo cumpleaños de mi mamá —indicó la rubia más joven que estaba parada junto a ella.

Miré de nuevo de arriba abajo a la mamá, una despampanante mujer de cabello castaño que parecía no tener más de treinta y cinco años.

—¿Cuál es tu secreto? —le pregunté.

—El vino —rió—. Y los viajes con las niñas.

Después de conversar con ellas durante un buen tiempo, descubrimos que en realidad eran personas muy agradables, sólo que habían bebido demasiado. De hecho, nos agradaron tanto que las invitamos a cenar con nosotras esa noche. Me sentí como una total imbécil por haber sentido el deseo de *pegarles* físicamente cuando estábamos en el recorrido.

—Nunca juzgues un libro por su portada —dijo Laura cuando nos alejamos.

Llegamos a cenar y pedimos unos bocadillos para compartir, al poco tiempo llegaron nuestras nuevas amigas. En pocos minutos ya estábamos contándonos las historias de nuestras vidas.

Jesse y Nicole estaban pasando por separaciones difíciles. Los niños estaban implicados en el asunto y la situación era complicada. Laura estaba divorciada y tenía tres hijos. Yo era la única mujer casada de la mesa.

Entonces habló la morena que cumplía años.

—Acabo de pasar por un divorcio —dijo.

Volteé hacia su hija.

—¿Y tú cómo lo tomaste? —le pregunté.

—Desde hacía años quería que se divorciaran —respondió—. Sabía que mis padres estarían mejor como amigos.

—Mi hija me conoce tan bien —dijo la madre—. Acababa de solicitar el divorcio y no se lo había informado aún a mis hijos, y ese mismo día mi hija me envió un correo electrónico titulado "Las siete etapas del divorcio", y me escribió: "¿En qué etapa estás tú, mamá?". No podía creer que ella lo supiera antes de que yo se lo dijera.

—¿Entonces no te angustiaste por la separación? —pregunté a la hija—. Creo que es muy bueno escuchar el punto de vista de los hijos, porque en esta mesa tenemos a dos personas que ahora están pasando por ese trance y ambas tienen niños.

—Los hijos sabemos —contestó—. Sabemos lo que está pasando realmente. Sabemos si ustedes son felices. Yo quería que mi mamá fuese feliz. Tengo mucho más respeto por ella desde que decidió amarse a sí misma y ser feliz —sus ojos empezaron a llenarse de lágrimas—. Tienes que seguir los dictados de tu corazón y amarte a ti misma, antes de poder amar en verdad a otra persona.

Su madre se inclinó y le dio un beso en la mejilla.

Saqué un viejo recibo de mi bolsa y escribí sus palabras para no olvidarlas.

CAPÍTULO 9

¡Por todos los cielos! ¡Tengo aprobación eclesiástica!

☞ *Déjalo pasar*

Anuncio en la Iglesia Unitaria de Goodwood:

CAFÉ GRATIS.
VIDA ETERNA. SÍ,
LA MEMBRESÍA TIENE
SUS PRIVILEGIOS.

GRACIAS ANTICIPADAS, Universo, por el trabajo que paga mi hipoteca, que me divierte y me permite ser yo misma.

Mi monólogo en el teatro había concluido hacía meses, así que mis peticiones al Universo aumentaban con el paso de los días.

—Si pudieras hacer lo que quisieras, ¿qué sería? —preguntó Therese por el teléfono—. Quiero empezar a rezar para que te llegue la abundancia.

Therese es católica y asiste a misa casi a diario, así que la oración es una gran parte de su rutina. En mi caso, alguien tenía que *recordármelo.*

—Quisiera ser tan disciplinada como tú —le dije—. Cuando era niña pasaba los fines de semana con mi papá y sólo asistíamos a la iglesia cuando él decidía volverse a casar.

—¿Alguna vez rezas por él? —preguntó Therese.

—¿Cómo?

—Por tu papá. ¿Alguna vez rezas por tu papá?

Estaba confundida. No creía que los muertos necesitaran de mis oraciones.

—¿No te parece que él está más cerca de Dios? —pregunté—. No estoy segura de que mis oraciones le hagan mucho bien.

—Aun aquellos que están en el Otro Mundo necesitan de nuestras oraciones o pensamientos positivos —dijo—. A menudo les pedimos cosas, pero también es bueno regresarles algo. Cada vez que le pidas, ya que estás en esas, reza por él.

—Bueno. Trataré de acordarme.

—Ahora sigamos con tu trabajo de ensueño. ¿En qué actividad te sentirías más feliz?

—Quiero recibir un sueldo por escribir las historias que me apasionan. Desde videos hasta escribir incluso la obra de teatro. Quisiera que ese espectáculo se convirtiera en mi empleo de tiempo completo y poder ganarme la vida en el proceso.

Aunque el teatro era mi pasión, difícilmente es una actividad lucrativa.

—¿Te acuerdas de la película *Toy Story?* —inquirió Therese.

—Por supuesto —dije—. Es una de las favoritas de Britt.

—Pues bien, todos somos como los juguetes en esa película. Estamos en un estante y Dios sabe que allí estamos. A veces prefiere a Woody y a veces prefiere a Buzz. Todos tenemos diferentes cosas que ofrecer y no nos usarán a todos al mismo tiempo. Tenemos que confiar en el momento perfecto y en el orden divino, ¿recuerdas?

—Sí, sí, sí —dije, girando los ojos al techo. Mi hijo estaba empujándome la mano mientras intentaba forzarlo a comer puré de camote (batata). Britt tiene buen apetito, pero el interés tiene que surgir de él.

—¡Noooooooooooooo!—gritaba Britt al empujar la cuchara. Intenté limpiarle el rostro para evitar que quedara hecho un asco, pero no me lo permitía.

—No entiendo —dije a Therese—. Intento alimentarlo y que esté limpio, y no me tiene confianza. Se tiene que hacer su voluntad —miré a Britt y sostuve entre mis manos sus mejillas embadurnadas—. ¡Amiguito, lo hago por tu bien! ¿Por qué no me dejas cuidar de ti?

Oí que Therese reía al otro lado de la línea.

—Tú estás actuando igual en cuanto a Dios —dijo.

—¿Qué quieres decir?

—Él tiene un plan para ti. Hace las cosas por tu bien y, sin embargo, le empujas la servilleta y el puré porque piensas que sabes lo que más te conviene. No te gusta el plan de Dios, así que quieres crear el tuyo propio. Tú eres como Britt, y Dios es como tú.

Pensé en lo que estaba diciendo. Aunque me preocupaban mis ingresos y mi "siguiente paso", *aún* teníamos un techo sobre nuestras cabezas.

—Tienes razón —suspiré—. Durante tanto tiempo me dediqué a la radio y la televisión que siento que no hay quien aproveche mis habilidades de comunicación y me siento inútil.

—Te están aprovechando de otra manera —dijo Therese—. Dios sabe que estás en el estante, esperando regresar al juego. Vendrá y te sacará de allí cuando esté listo para ti.

Miré a mi hijo e intenté darle de nuevo un bocado. Seguía empujándome la cuchara.

—Amorcito, eres digno hijo de tu madre —reí.

En ese momento sonó la otra línea. Miré al identificador y vi que era Steve, mi representante para medios electrónicos.

—Oye, Therese, tengo que tomar esta llamada. Luego te busco —dije, y oprimí el botón para responder a Steve—. ¿Hola?

—Hola, Jen, creo que deberíamos ver la posibilidad de poner tu espectáculo en otro lugar. Estoy haciendo arreglos para una junta con algunos teatros. Vamos a poner esto en marcha.

¿Retomar la obra? ¡Bravo!

Steve tenía amistad con un productor y propietario de teatros en Chicago. Uno de los teatros había añadido un nuevo espacio para cabaret y la idea era poner *I'm spiritual, dammit!** (¡Maldición, soy espiritual!) en ese nuevo escenario.

—En esta economía, lo que buscamos son las entradas de veinte o veinticinco dólares. Creo que tu monólogo sería perfecto para este

---

* Título original de este libro en inglés.

lugar —explicó el propietario del local mientras caminábamos por la sala.

Miré a mi alrededor. Había trabajadores por todas partes y el sitio se hallaba lejos de estar terminado.

—¿Cuándo se puede poner? —preguntó Steve.

—En dos semanas cuando mucho —respondió el dueño.

Dos semanas se convirtieron en ocho y lo siguiente que supe fue que estrenaríamos el espectáculo en una sala con las paredes desnudas. Dos horas antes de correr el telón, los trabajadores empezaron a pintar como si los persiguiera el demonio. Era un completo caos, hubiera deseado no volver a poner la obra.

El momento perfecto y el orden divino.

Además del fiasco de la pintura, no había camerino. No es que necesitara un gran espacio, simplemente un pequeño lugar donde concentrarme y alejarme hasta subir al estrado. Lo mejor que podía ofrecer este teatro era un clóset que estaba a unos cuantos pasos del escenario. El clóset no tenía puerta y dentro había un enredijo de alambres expuestos. No parecía un lugar muy seguro, pero no tenía otra opción.

¡¿Éste es un teatro profesional?!

Encontramos un trozo de tela para cubrir donde debió haber existido la puerta y coloqué una silla dentro para poder sentarme en algo. El problema era que ante la presencia de alambres expuestos tuve que colocar mi silla lo más cerca posible de la cortina para evitar electrocutarme. Mi nariz casi la tocaba. Me parecía ridículo estar así.

¡Pavoroso!

Los pintores terminaron de embadurnar una capa de pintura cuando faltaban cerca de veinte minutos para empezar y ahora toda la sala olía a humos tóxicos. Nos vimos obligados a abrir las ventanas para orear el sitio, pero la temperatura exterior era de quince grados bajo cero, así que tuvimos que subir la calefacción para impedir un congelamiento generalizado. Cerca de diez minutos antes del supuesto inicio de la obra me convocaron a mi clóset para abrir las puertas al público.

Esto es un completo desastre.

—Tienes dos minutos —dijo Kat, mi directora de escena, asomándose dentro de mi clóset, su mejilla casi tocaba la mía. Gracias a Dios que ambas nos lavamos los dientes.

—Bonita tu casa —dijo con una risita sarcástica. Intenté sonreír, pero se pudo dar cuenta de que no estaba de ánimo—. ¡Mucha mierda!*

—Adelántate y cierra las ventanas —dije—. En este momento parece que todos vamos a tener que drogarnos a la fuerza.

No podía hacer nada para cambiar las circunstancias, de modo que decidí aceptarlas y seguir adelante.

Ya estás demasiado involucrada como para dar marcha atrás. Déjalo pasar.

Escuché a la gente que empezaba a ingresar en fila. Poco sabían que yo me encontraba sólo a unos cuantos pasos de distancia.

—Huele a pintura —dijo una mujer.

—¿Por qué hace tanto frío? —comentó otra.

Respiré profundamente unas cuantas veces e intenté concentrarme.

Gracias anticipadas, Universo, por ayudarme a dar el mejor espectáculo posible para mi público. Gracias anticipadas porque este público escuche hoy todo lo que necesita escuchar.

Al sentarme en mi silla, intentando bloquear el sonido de la concurrencia, no pude evitar oír partes de las conversaciones.

—¿Cómo te enteraste de este espectáculo? —preguntó una mujer.

—Mi esposo escuchó por radio una entrevista de Jonathan Brandmeier con Jenniffer, entonces fue a comprar su libro. Ambos lo leímos y yo acudí con una de las médiums que entrevistó para ese libro —explicó una segunda mujer.

Incliné la cabeza más cerca de la cortina, intentando no caer de mi silla.

—¿Una médium? ¿Fuiste con una médium? —preguntó la primera mujer.

* Expresión común entre gente de teatro; se usa para desear suerte al actor. Se desconoce su origen; algunos suponen que viene de la expresión francesa ¡Merde!, como exclamación de agrado o deseo de éxito; otros piensan que viene de que la gente acudía antiguamente al teatro montada a caballo o en coches tirados por caballos, y la gran cantidad de estiércol denotaba el número de espectadores. (N. de T.)

—Sí. Y cambió mi vida. Mi hija se suicidó y la médium hizo contacto con ella.

Con cuidado saqué la cabeza de atrás de la cortina para poder ver el rostro de la mujer sin que me notaran. Era una señora rubia, de apariencia dulce y con una hermosa sonrisa, pero con la tristeza dibujada en los ojos.

Si no hubiera estado en ese programa de radio con Jonathan Brandmeier, y si su esposo no hubiera estado escuchando el programa en su auto y no hubiera ido por mi libro, y si yo no estuviera sentada en un clóset escuchando a escondidas su conversación...

—No puedo esperar a conocer a Jenniffer para contarle cuánto me ha ayudado —dijo.

Aun escondida en un armario, en todo momento estás donde se supone que debes estar.

A pesar del aroma de pintura en la habitación, el espectáculo salió bien. Al terminar me acerqué a la rubia y me presenté.

—Me llamo Bonnie —dijo, mientras me entregaba una fotografía de una hermosa joven de dieciséis años—. Esta es mi hija Hilary y pude hablar con ella de nuevo gracias a ti.

Bonnie y yo terminamos yendo a cenar después de la obra y me contó su historia. Su hija era una estudiante destacada, muy popular y no parecía estar deprimida. Sin embargo, por alguna razón terminó colgándose. Bonnie y su familia intentaban reconstruir sus vidas.

—Después de leer tu libro, decidí llamar a Therese Rowley —dijo Bonnie—. Mientras conducía desde los suburbios para asistir a la cita, iba hablando con Hilary durante todo el camino. Le dije: "Mi vida, sé que esto es tonto, pero la única manera en que realmente sabré que estás comunicándote es si enarcas las cejas y pones las manos sobre tus caderas". Mi hija siempre hacía eso y me respondía con ese suspiro de "¡Ay, mamaaaá!", cuando le decía cualquier cosa.

Cuando Therese empezó con la lectura, Hilary se comunicó con toda claridad.

—Therese dijo: "Esto va a sonar un poco irrespetuoso, pero simplemente voy a decirte lo que estoy viendo: aquí está una hermosa adolescente que tiene las manos sobre las caderas y está volteando los ojos al cielo en actitud de exasperación y dice "¡Ay, mamaaaá!".

Ese día comenzó la recuperación para Bonnie, quien ahora viaja por todo el país hablando con los adolescentes acerca del suicidio y alentando a los padres a estar más conscientes de las actividades de sus hijos en internet. Abrió el diálogo sobre el tema del suicidio en la secundaria de Hilary y dentro de su comunidad, donde intentaron silenciar el asunto por temor a las críticas en la prensa. Ahora tiene un propósito y se siente más cercana a su hija.

—Todavía quisiera poder abrazarla —dijo Bonnie, con los ojos llenos de lágrimas—. Pero yo sé que está aquí.

FINALMENTE CAMBIARON mi obra a otro espacio teatral dentro del mismo edificio, sin alambres expuestos ni paredes sin pintar. Lo que no nos informaron era que había otro programa que se presentaba todas las noches en el mismo teatro y concluía treinta minutos antes de que mi obra subiera el telón. Esto significaba que no podíamos hacer las pruebas de sonido e iluminación antes de cada presentación.

En nuestra primera noche en el nuevo espacio, de hecho tuvimos que sacar a empellones a la gente.

—Disculpen, pero tenemos una obra que montar —dije, intentando mostrarme firme, pero amable.

Por fin sacamos a todo el mundo, pero pronto nos dimos cuenta de que habían cambiado un grupo de nuestras luces. Y no sólo eran unos reflectores cualesquiera; movieron la iluminación especial que se prende cuando la obra trata sobre la ocasión en que vi una mariposa sobre mi cama la mañana en que mi padre murió. La diseñadora de iluminación había pasado largo tiempo en esa indicación y había usado geles de diferentes colores. Habíamos centrado los reflectores a la perfección y ahora estaban totalmente arruinados.

—¡*No* se metieron con mi gobo!* —gritó mi diseñadora de iluminación.

Mientras se subía a una escalera para tratar de arreglar las cosas, yo me quedé de pie al centro del escenario y respiré profundamente.

---

* Pantalla parcial que se coloca frente al reflector para proyectar una figura. (N. de T.)

Parecía que cada paso que dábamos en este nuevo teatro nos llevaba a algún problema. Pero si elegía usar mi energía en estas preocupaciones, quedaría totalmente agotada para mi actuación.

Todo va a estar bien. Déjalo pasar. En este momento no hay nada que puedas hacer al respecto.

A medida que intentaba imaginarme soltando el control de la situación, miré a mis pies y vi un objeto brillante. Me incliné para recogerlo y no podía creer lo que tenía en mis manos.

—¿Qué es eso? —gritó Jen, mi directora de escena, desde la cabina.

Era una mariposa de cerámica, con tonos azules y anaranjados, que brillaban al estrecharla en mi mano. En mi obra describo haber visto una mariposa posada en mi cama la mañana en que murió mi padre. Ésta se le asemejaba mucho. Durante el espectáculo no empleo utilería y nunca antes vi esta mariposa.

—Alguien dejó una mariposa —susurré con total sorpresa—. Una mariposa color naranja y azul.

Sostuve el objeto en mi mano y me quedé mirando sus increíbles colores.

—Es tu papá que te dice que todo va a salir bien —gritó Jen—. En serio. Eso es sorprendente...

—Quizá tengas razón —respondí.

La presentación salió sin ningún problema, después tuvimos una recepción con canapés y vino en el vestíbulo.

Me percaté que un hombre estaba de pie en la parte de atrás. No me parecía conocido y fruncía el ceño. Estaba tomando gran cantidad de vino y comiendo queso.

—¿Quién es ese tipo? —pregunté a mi amigo Stef.

—Ni idea —respondió.

Luego de un rato, me venció la curiosidad y me le acerqué.

—¿Hola? —le dije—. ¿Le gustó la obra?

El hombre se sacudió las migajas de la boca y contestó:

—Me llamo Jerry y soy un sacerdote católico.

¡Dios de los cielos!

Se me fue el alma a los pies. No sólo era que mi obra se llamara *I'm Spiritual, Dammit!*, sino que además de mis entrevistas con médiums y de mi investigación sobre los universos paralelos, tengo un soliloquio completo acerca de mis intentos por encontrar la religión "perfecta". En esa parte expreso que todo aquello que implica alguna restricción me provoca rechazo. El cristianismo es demasiado crítico y, en la obra, expreso preocupación sobre la escrupulosidad de la Biblia, en vista de que se escribió (o más bien se cinceló en placas) hasta cerca de cien años después de la muerte de Jesús. Sé bien la manera en que mi familia distorsiona una historia luego de veinte minutos, como en el juego de teléfono descompuesto. ¡Imaginen qué podría haber sucedido con los evangelios después de traducirlos a diversas lenguas, cuando las placas ya se habían perdido o estaban rotas!

—Pensé que este espectáculo iba a ser como la obra *Late Night Catechism* (Catecismo de medianoche) —continuó Jerry con una expresión hosca—. No se parece en nada.

Me voy a ir al infierno.

—Pero debo decirte algo, fue una grata sorpresa —su rostro se fue relajando—. ¡Esto fue *mucho* más!

Suspiré aliviada.

—Gracias a Dios, Jerry. Por un segundo hiciste que me asustara —le dije.

—Creo que casi todo lo que expresaste esta noche es cierto —comentó.

¿Cómo dice que dijo?

—Si de verdad te tomas el tiempo de leer los evangelios, verás que todo en ellos trata sobre el amor y sobre *no* juzgar a los demás. Y los médiums se mencionan en todas partes de la Biblia —continuó.

—Jerry, ¿me darías tu tarjeta? ¡Conozco algunas personas que no me van a creer que un sacerdote católico me dijo que las cosas que cuento son ciertas! —reí. Mi amiga Deb fue la primera que vino a mi mente.

Al alejarse Jerry, vi hacia mis amigos que seguían gozando del vino.

—¡Por todos los cielos! ¡Tengo aprobación eclesiástica! —les dije, mientras llenaba mi copa.

Al día siguiente recibí un correo electrónico de mi nuevo amigo el sacerdote.

> Querida Jen:
> Muchas gracias por tu profunda interpretación.
> Hice un poco de investigación. En el primer libro de Samuel, capítulo 28, se reconoce la existencia de médiums en Israel y, aunque Saúl había prohibido esas prácticas, él mismo acudió con una médium para contactar al espíritu de Samuel, a quien le molesta que le hayan evocado, pero acude y habla con Saúl a través de la médium. Ése es sólo un ejemplo. Pero también creo que la Resurrección de Cristo confirma esta siguiente etapa de la existencia. Cuando Jesús se le aparece a María Magdalena, le dice que no lo toque, porque aún no ha ascendido hasta su Padre. En las Escrituras existen multitud de alusiones que te darán a ti misma, y a otras personas dispuestas a escucharte, la tranquilidad de saber que no eres una excéntrica por explorar estos temas y que estás en contacto con algo muy real.

Respondí el mensaje a Jerry, agradeciéndole la información. Y en consecuencia pregunté: "Si las escrituras respaldan estas cosas, entonces, ¿por qué algunas personas religiosas se niegan a leer mi libro o ver mi obra porque va contra la 'Palabra del Señor'?".

—Quienes dicen que esto va contra la Palabra del Señor obviamente no están muy familiarizados con todas las escrituras —contestó Jerry—. Y no actúan desde una perspectiva gobernada por el amor.

—¡Quisiera que quienes dicen que siguen las leyes de Jesús actuaran más como Él! —dije en mi respuesta.

—Yo también querría eso —comentó Jerry—. A lo largo de los años el temor y las manipulaciones han arruinado algunas enseñanzas realmente asombrosas. Si permanecemos fieles a nuestro camino de confiar en Dios y amarlo, en vez de lanzar piedras contra aquellos que creen cosas diferentes que nosotros, estaríamos en una situación muy distinta de la que estamos.

—Si más sacerdotes fueran como tú, Jerry, quizá seguiría yendo a la iglesia.

—Dios vive en tu corazón —dijo Jerry.

—Así que aunque estés lavando la loza o esperando en fila en el aeropuerto, puedes encontrar a Dios sin tener que sentarte en una iglesia.

—Dios es amor y está en todas partes.

AL DÍA siguiente conducía al centro de la ciudad para una audición de locución y me estacioné justo en mi espacio de "estrella de rock".

—¿Alguna vez ha sucedido que *no* encuentres un espacio? —preguntó mi agente Susan cuando me quité el abrigo.

—Nunca— respondí—. Espera, me retracto. Una vez. Estaba con mi amiga, la Chica Mostaza, e íbamos a un bar. No pudimos encontrar un lugar de estacionamiento y ella simplemente dijo: "¿Quizá otra persona estaba más necesitada de encontrarlo?". Y eso que dijo me pareció lo correcto.

—Entonces, ¿te ha pasado como una vez en seis años? —preguntó.

—Quizá más tiempo —dije, intentando recordar cuándo leí por primera vez *Conversaciones con Dios*—. Pero, ¿de qué se trata lo de hoy? —pregunté mientras revisaba mi texto para la audición.

—Bonefish Grill —dijo.

Era un comercial muy divertido y despreocupado para una campaña nacional por radio. No era ni cercanamente tan lucrativo como los comerciales para televisión nacional, pero mejor que un demo.

Gracias anticipadas, Universo, por ayudarme a conseguir este comercial, si es para mi mayor beneficio.

Luego de la audición, salí para subir a mi automóvil y vi a alguien que manejaba lentamente por la calle. Era una mujer que se aferraba con preocupación al volante mientras buscaba dónde estacionarse. Le hice señas con la mano mostrándole mi auto. Rápidamente encendió sus luces preventivas y aplaudió con alegría.

—Gracias —dijo al bajar su ventanilla—. *Nunca* encuentro un espacio por aquí. ¡Me has hecho muy feliz!

Subí a mi coche para salir y pensé en lo que acababa de decir la mujer. Me imagino que he olvidado que yo solía ser como ella, preocupada o intranquila ante la posibilidad de tener "suerte" gracias a los dioses de los estacionamientos. Pero ahora nunca dudo ni por un instante de que recibiré un buen servicio en esa área. Lo siento dentro de mí.

¿Qué se necesita para que tengas ese mismo tipo de confianza acerca de tu carrera?

Si tan sólo abandonara la necesidad de tomar el *control* y *supiera*, del mismo modo que sé que voy a encontrar lugares de estacionamiento, quizá todo cambiaría.

¡Jen, necesitas cambiar de filosofía acerca del trabajo!

Al llegar a casa, salí a correr e intenté aplicar un ejercicio de visualización. Pensé en todos los rechazos que había afrontado a lo largo de mi vida profesional. Imaginé en mi mente a cada director de programación que, en el curso de los años, hubiera desechado mis ideas para un programa de radio o televisión y me hubiera cerrado la puerta. Luego volteé a mi izquierda y vi otra puerta. Al abrirla, me conducía a una senda gloriosa. La senda era brillante y estaba bañada por luz color violeta. Al llegar al final, estaba parada en un enorme estadio lleno de gente que esperaba escucharme contar mis historias.

Gracias anticipadas por el trabajo que me paga por contar historias que cambiarán al mundo.

ESE FIN de semana estaba escribiendo en mi computadora y Clay vino para platicar conmigo.

—Estoy en medio de esto —dije, asomándome apenas por encima de la pantalla.

—Tengo que preguntarte algo —respondió. Necesitaba mi atención acerca de uno de nuestros proyectos de video.

—¿No puede esperar? —pregunté—. Realmente estoy en medio de una cosa.

Parte del problema con trabajar desde tu casa es la imposibilidad para colgar un anuncio de "no molestar".

—No, no puede esperar —dijo, con una actitud cada vez más enojada.

Los ánimos se caldearon y lo siguiente que supe es que estábamos gritando. Finalmente, Clay se marchó tan molesto que yo realmente me pregunté si regresaría.

Tomé al perro y salí a caminar para aclarar mi mente. Reproduje la discusión una y otra vez en mi cabeza. Con toda honradez pensaba que yo estaba en lo correcto y que él se estaba comportando de manera irracional. Mientras más centraba mi atención en ello, más intenso se volvía mi enojo. Llegué a mi playa favorita y me senté en unas rocas para mirar hacia el agua.

Puedo seguir enojada o puedo dejarlo pasar. Por favor, Universo, ayúdanos a perdonarnos. Ayúdanos a entrar en un estado de compasión y amor. Ayúdanos a dejarlo pasar. Ayúdanos.

Al regresar a casa, Clay no estaba por ninguna parte y yo era un manojo de nervios. Fui a mi estudio e intenté escribir, pero no podía concentrarme. Al final escuché que su auto se estacionaba en la entrada de la cochera.

Por favor, ayúdanos.

Clay entró por la puerta principal y subió las escaleras hasta mi estudio. Cuando entró por la puerta, mis ojos estaban muy abiertos y llenos de curiosidad. Su rostro parecía neutro cuando se me acercó y puso una rodilla en el suelo junto a mi silla.

—Lamento mucho haber gritado —dijo, tomando mi mano—. Es que me preocupa que a veces busques y trates de encontrar la felicidad fuera de ti misma. Ya sea en *este* trabajo o en *tal* libro. Cualquiera que sea —parecía circunspecto y sincero—. Pero todo lo que necesitas lo tienes aquí mismo con Britt y conmigo. Sin embargo, sigo sintiendo que eso no basta.

Apreté su mano y mis ojos se llenaron de lágrimas. Éste era un concepto totalmente ajeno para mí. Mientras crecí, lo único que hacía que uno fuera *suficiente* era tener una profesión. La familia sólo representaba dolor y decepción. Había estado tan concentrada en mi ego y en mis preocupaciones que tenía que reestructurar mi mente para siquiera considerar que el amor pudiese dar la felicidad.

—Gracias —le dije, sosteniendo su mano—. Hago el intento. De verdad que estoy haciendo el intento...

—NADIE RESPONDE mis llamadas —dijo Therese en un mensaje que dejó en mi correo de voz. Sonaba alterada—. ¡Han pasado cuatro meses y seguimos sin contar con el espacio para las oficinas!

Therese estaba comenzando el Center for Intuitive Education (Centro para la Educación Intuitiva) para ayudar a niños y adultos con dotes espirituales a desarrollar sus habilidades. Su misión en ese momento era lograr que el centro se pusiera en marcha, para poder crear campamentos, talleres y seminarios. Yo le ayudaría con la mercadotecnia y la producción de videos. Pero para empezar necesitábamos una oficina. El hombre que iba a donar el espacio nos había estado dando largas durante meses y ahora Therese estaba cansada de sus excusas.

—Hay muchas oficinas en esta ciudad —le dije al responder su llamada.

—¡He ido a misa todos los días, sigo rezando, y simplemente no entiendo por qué no estoy logrando que esto ocurra! —contestó.

—Un momento —respondí, intentando tranquilizarla—. ¿Qué me *acabas* de decir hace unos días? El momento perfecto y el orden divino. Dios tiene un plan para ti. No seas como Britt con el puré. Igual que en *Toy Story*, Dios sabe que estás en el estante de los juguetes.

—¡He estado en ese estante desde hace años! —rebatió—. Ya me cansé de esperar y estos niños necesitan ayuda ahora. Es el momento de hacerlo.

Nunca había escuchado tan angustiada a Therese.

—Creo que *necesito* una lectura —dijo.

Me sorprendió que alguien como Therese, quien ayuda a tantas personas todos los días, no tenga a nadie con quien acudir para una "afinación de energías". Es posible que tenga dotes espirituales, pero sigue siendo humana.

—Tienes que ofrecerlo a Dios. ¿Qué no es eso lo que dicen ustedes los católicos? —solté, en tono de broma—. Di: "Dios, no puedo ver a dónde me dirijo, así que voy a poner este asunto en tus manos. Necesitas mostrarme el camino para que deje de preocuparme" —en realidad no sabía de qué estaba hablando, pero sonaba bien.

—Hoy en la noche voy a escribir un correo electrónico y a poner las cartas sobre la mesa —concluyó—. Gracias, luego te llamo.

Cerca de dos horas después, me llegó un correo de Therese. El asunto decía: "Déjalo ser".

Querida Jen:

Fui al vapor en el gimnasio y de camino pensé en lo que escribiría en mi correo electrónico. Era una buena carta. Me subí al coche y encendí la radio, que siempre está sintonizada en NPR, pero hacía un par de días había cambiado la estación. Al encenderla entró la canción: *"Let it Be..., susurra palabras de sabiduría, déjalo ser. Despierto al sonido de la música y la Madre María viene a mí, diciendo palabras de sabiduría, déjalo ser... Habrá una respuesta, déjalo ser".*

De modo que esta noche no escribiré ninguna carta. Creo que simplemente lo dejaré ser.

Te mando un cordial abrazo,
Therese

Dos semanas después, Therese y el Centro tuvieron un espacio mucho mejor para sus oficinas. A veces, la mejor ruta de acción que se debe tomar es no tomar ninguna.

Capítulo 10

¡Con un demonio! ¡Ponte a rezar!

☞ *Cómo difundir la luz*

Anuncio en la Primera Iglesia Bautista de Donelson:

PERDONA A TUS
ENEMIGOS,
ESO LOS OFUSCA.

—¿Cómo estuvieron las entradas para hoy? —pregunté a nuestra directora de escena una noche en que la tercera temporada de mi espectáculo estaba apenas a unas cuantas semanas de concluir.

—Nada mal —dijo—. No se agotaron, pero tenemos una asistencia bastante buena.

Justo entonces sonó mi BlackBerry®. Había un correo electrónico de Therese en el que me informaba que no podía acudir a la obra.

—Oh, mierda —dije.

¿Cómo voy a bendecir el lugar?

Therese había ido a casi todas las funciones, que era más de lo que podía afirmar cualquier amigo o familiar. Antes de cada función entraba al camerino para ver cómo me estaba yendo. Luego bendecía el espacio o decía una pequeña oración a mi favor y para todos los asistentes. Había llegado a depender de su ritual previo a la representación y, sin él, estaba segura de que todo saldría mal.

¿Qué puedo hacer?

No conocía todos los nombres de los santos y ángeles. Pero eso no quería decir que no pudiera recibir unas cuantas bendiciones de aquí o allá.

¿O no?

Estaba empezando a preguntarme si recibiría un castigo. Primero, mi amiga súper religiosa no podía llegar a la presentación, luego no podía recordar los nombres de iconos religiosos a los que debería rezar.

Soy un asco para estas cosas.

Saqué la cabeza de atrás de la cortina para ver si podía encontrar algún rostro conocido. Entre más personas reconocía, más nerviosa me iba sintiendo.

Una ocasión Therese me contó una historia sobre una amiga suya que siempre decía "Ven Espíritu Santo", cada vez que necesitaba obtener confianza. Si su trabajo le preocupaba, se encomendaba al Espíritu Santo. Si se peleaba con su cónyuge, llamaba al Espíritu Santo. Se me dificultaba utilizar una mención tan *sagrada* como eslogan de cabecera. Pero recordar la historia sí me dio una idea.

Jen, atrae la luz.

Decidí intentarlo y convocar a tantos santos y profetas como pudiese recordar. Había leído suficientes libros sobre la espiritualidad como para poder sacarme *algo* de la manga, así que hice el intento.

San Germán, Arcángel Gabriel, Jesús, Buda, San Francisco de Asís, María y José. Ah, y Arcángel Miguel. Si alguno de ustedes me escucha y puede ayudar a difundir el amor y la luz en este teatro, se los agradecería de todo corazón.

Y luego metí también a algunos miembros de mi familia.

Papá, Kathy, Richard, Belva, Ernie, Virginia, John y cualquier otro de mis familiares muertos que estén dispuestos a dar su apoyo para esta función, les agradezco su luz e inspiración.

Luego imaginé el escenario y al público bañados por una luz blanca. Visualicé que todo mi cuerpo brillaba también con esa luz.

Mientras estaba de pie detrás del telón, comencé a sentirme totalmente llena de energía.

Y entonces algo pasó. Es difícil poner en palabras lo que experimenté esa noche, excepto que me sentía por completo "en la zona". Casi sentí como si estuviera teniendo una experiencia extracorpórea. Todo se conjuntó y de un modo que nunca había sucedido antes.

A LA MAÑANA siguiente, cuando salí a correr, empecé a pensar en el concepto de atraer la luz. Tenía un amigo reportero de un periódico de Chicago que en una ocasión publicó una nota acerca de la Cienciología. Aunque suena como la religión más loca del planeta, siempre me ha sorprendido que entre sus miembros se encuentren personas muy respetadas, como John Travolta y Tom Cruise. También sabía que los medios de comunicación se enfocan sólo en unos cuantos hechos, en vez de contar toda la historia para manipular nuestras percepciones. Lo único que sabía acerca de los seguidores de la Cienciología es que creen en los extraterrestres. Aunque esto me parece bastante insensato, existe mucha gente que piensa que *yo* he perdido la razón porque he dicho que tengo una amiga que ve a los muertos. No quería juzgar hasta tener más datos en la mano.

La Cienciología debe tener algunos atributos positivos como para atraer a estas personas sumamente instruidas.

Interrogué de manera rigurosa a mi amigo periodista para que me contara todo lo que descubrió en su investigación. Su conclusión era que sí, están bastante locos, pero una cosa que le quedó en claro es que creen que pueden sanar a otras personas al aprovechar la *Luz Universal.* Los cienciólogos denominan a esto una "asistencia". Si tu cuerpo está libre de sustancias químicas y toxinas, estás mejor equipado para realizar estas sanaciones en otros. Alguna vez John Travolta habló sobre haber obtenido una "sanación por asistencia" en el plató de una película y eso le impulsó a examinar a mayor profundidad la religión. ¿Me pregunto si aprovechar esa energía me ayudaría cuando me ejercito?

Recuerdo cuando Katie Holmes corrió el maratón. Me pregunté cómo podría haber corrido tal distancia después de entrenarse sólo unos cuantos meses.

Apuesto que estaba usando una asistencia.

Aunque yo corro varias veces por semana, en general no puedo durar más allá de treinta minutos. Al recorrer mi ruta usual una mañana, empecé a sentirme aletargada luego de quince minutos, así que comencé a imaginar que mi coronilla se abría y una brillante luz color lavanda y blanca ingresaba a todo mi cuerpo. Imaginé una cubeta que vaciaba luz violeta sobre mi cabeza, como si fuera la escena de la película *Flashdance*, donde el agua cae sobre la bailarina mientras está sentada en una silla.

¡Splash!

Y luego vi que esta luz viajaba por mi torrente sanguíneo con cada uno de mis pasos.

Que cada célula se llene con la energía y amor de la luz pura.

Hice varias respiraciones profundas y luego sentí una oleada de energía. Era como si me acabara de conectar a una salida de corriente eléctrica. Seguí repitiendo el mantra y la motivación continuó fluyendo.

—¿Qué tal te fue con tus ejercicios? —preguntó Clay cuando regresé a casa.

—Maravilloso.

—Te fuiste largo tiempo.

Miré a mi iPod y vi que había corrido durante cuarenta y tres minutos.

—¿Cargaste nuevas canciones en tu iTunes o algo por el estilo? —preguntó

—Más o menos —dije.

AHORA QUE estoy atrayendo más luz de manera regular, decidí revisar algunos archivos viejos que había acumulado respecto al tema del trabajo energético. Hace algunos años tomé unas clases de *Reiki*, pero dejé de hacerlo cuando tuve a mi hijo. El *Reiki* es un método de sanación por medio de la energía que ha existido durante años en Japón. Para lograr la sanación, uno debe imaginar ciertos símbolos y en general no se toca a la persona, sino que se sostienen las manos justo por arriba de su cuerpo. Inicialmente me enteré de esta disciplina cuando mi papá estaba enfermo de cáncer cerebral. Acudí con un par de sanadores de *Reiki* y observé sorprendida mientras sostenían sus manos unos cuantos centímetros por arriba de la cabeza de mi padre.

—¿Sientes algo? —recuerdo haber preguntado a mi papá luego de su primera sesión.

—¡No, pero mi visión es perfectamente clara! —respondió con gran sorpresa.

La vista de mi padre había sufrido daño por la ubicación de su tumor cerebral y sólo después de las sesiones de *Reiki* pudo aclararla.

Extraje de mi armario una enorme carpeta con una etiqueta que decía *"Reiki"* y ojeé los papeles en ella. Estaba viendo una serie de símbolos que no me parecían conocidos. Aunque había tomado suficientes clases como para obtener el título de "Maestra en *Reiki*", recordaba haber estado agotada con todos los símbolos que tenía que memorizar. Ahora, unos cuantos años después de presentar los exámenes, era prueba viviente de que estudiar intensamente la noche anterior nunca te permite retener la información a largo plazo. No se tiene permitido compartir estos símbolos con personas que no estén estudiando *Reiki*, lo cual me parece un poco sectario. Es decir, ¿qué tal si mi hijo entra mientras estoy estudiando mis carpetas?

No te atrevas a ver mis cuadernos, niño.

Mi clase de *Reiki* estaba compuesta por personas de diferentes orígenes. Desde un entrenador personal de veinticinco años hasta un catedrático de matemáticas de la Universidad Northwestern; me encantaba la diversidad de individuos interesados en la sanación por imposición de manos. Cuando practicaba *Reiki*, a veces veía imágenes casi como una película que se proyectara en mi mente. Al principio era realmente extraño. Recuerdo haber trabajado con una niña durante la clase y la imagen que me venía era de un pequeño perro negro. Posteriormente reveló que su perro acababa de morir.

¿Quizá era coincidencia?

Un día en clase, nuestra maestra trajo a una mujer enferma con la que trabajaríamos, pero no nos dijo de manera específica qué problema tenía. Entonces la maestra nos pidió que exploráramos su cuerpo para determinar qué podíamos sentir.

Caminé alrededor de la mesa y coloqué mis manos a manera de antenas. Al acercarme a su ojo izquierdo, mis dedos empezaron a hormiguear. Podía percibir un cosquilleo como nunca había sentido antes en mi vida. Luego vi una energía color marrón oscuro. Pensé en mi amigo James que podía ver colores y me pregunté qué significaba esto.

Al final de la clase nuestra maestra nos dijo que la mujer padecía de cáncer en un ojo y que se sometería a cirugía del ojo izquierdo.

Sorprendente.

CUANDO LE conté al Maestro John Douglas que había tomado clases de *Reiki*, me dijo:

—Debes tener cuidado de no surtir energía también a las células enfermas.

¿Cómo dijo?

—Existen energías sucias y enfermas en el cuerpo, así que al utilizar *Reiki* en estas áreas de hecho puedes cargar de energía a las cosas incorrectas. He visto esto en gran cantidad de sanadores que no están conscientes de lo que hacen.

¡Oh, no!

Creo que si tu *intención* es sanar, no das energía a las células enfermas, ¿pero qué sé yo? Decidí que si iba a hacer el intento de *atraer la luz blanca*, ya no emplearía más la palabra *Reiki*. Algunos le denominan *Prana*, y otros le dicen *Chi*. Yo le llamo mi "balde de *Flashdance*". Lo que importa es que te funcione.

ME DIRIGÍA a casa en mi auto después de haber ido una noche a visitar a una amiga, cuando vi lo que me pareció que era un hombre tirado en la calle, y ésta no era una calle cualquiera, era una avenida principal con gran cantidad de tránsito. Una mujer lloraba inclinada sobre él y dos autos habían parado a la vera del camino. Di vuelta a la esquina y me estacioné. En apariencia era un accidente que *acababa* de ocurrir, así que llamé a los servicios de urgencia y me acerqué para desviar el tránsito.

—Dios mío —gritaba la mujer, sosteniendo lo que supuse que era el brazo de su novio.

El hombre sangraba de un costado y a través de sus pantalones vaqueros, y ocasionalmente dejaba salir un gemido.

Hice unas cuantas preguntas y averigüé que el atropellado había cruzado la calle corriendo para llegar hasta el automóvil de su novia. Mientras tanto, otro vehículo había dado vuelta en la esquina y, debido a que el sitio estaba tan oscuro y el hombre no había cruzado por el paso para peatones, el coche lo embistió. Tanto el hombre atropellado como su novia parecían estar borrachos.

—Llamé a la policía —dije, acuclillándome junto a las piernas del hombre lesionado.

—No puedo creer que haya pasado esto —se lamentó la novia mientras le acariciaba el brazo.

Levanté mis manos y las coloqué sobre sus zapatos. No conocía en absoluto a este hombre, pero quería ver si podía aliviar o mitigar el estrés atrayendo la luz.

Observé que su estómago se elevaba y hundía, casi jadeante. Imaginé una luz blanca que provenía de arriba de mi cabeza y que entraba en mi cuerpo, saliendo directamente de mis manos hacia su cuerpo.

Gracias anticipadas, Universo, por sanar y tranquilizar a este hombre con la luz blanca y pura. Que sienta la protección de sus ángeles y guías espirituales. Que absorba la luz divina en cada célula de su cuerpo.

Mientras imaginaba mi balde de *Flashdance* que vaciaba la luz, noté que su respiración comenzó a volverse más lenta.

Aunque sé que no soy una *Maestra*, creo que pude haber ayudado a reducir la frecuencia cardiaca del herido.

Luego de unos minutos llegó la ambulancia. Me levanté con lentitud y me alejé de la escena. No tenía idea si el hombre tenía lesiones graves, simplemente sé que se suponía que yo debía estar allí.

DURANTE MIS presentaciones ese fin de semana sentía un particular letargo.

—¡No sé qué me pasa, pero no tengo nada de energía! —dije a mi directora de escena.

Antes de subir al escenario hice "venir la luz", como dicen los gurús, y no pareció servir. Pero después de la obra, mientras firmaba ejemplares de mi libro, sentí como si fuera a desmayarme por el cansancio.

La última persona que deseaba que le firmara un libro fue particularmente agotadora. Había perdido a su esposo y quería que le diera los nombres de los médiums más confiables para que pudiera comunicarse con él.

—Por favor, necesito la ayuda de mi esposo para orientar a mis hijos —rogó.

Aunque en todos los casos siento compasión por las personas que están en esa posición, al haber estado yo misma en algo así luego de que murió mi padre, también sé que algunos individuos quedan tan atrapados en la ayuda de médiums y psíquicos que olvidan cómo pensar por sí mismos.

—En mi libro hay varias entrevistas con diversos médiums —dije—. Creo que te darán cierto grado de alivio.

Mientras me alejaba, casi tropecé.

—Parece que alguien te hubiera chupado toda la energía —comentó mi directora de escena.

La primera vez que oí del concepto "chupar energía" fue de la doctora Judith Orloff, autora del libro de gran venta *Energía positiva*. La entrevisté varias veces cuando tenía mi programa de radio y hemos continuado la amistad. Judith habla sobre la manera cómo los "vampiros de energía" se aprovecharán de nosotros en nuestra vida, si se los permitimos. En su libro más reciente, *Libertad emocional*, amplía el concepto diciendo que "a la mayoría de nosotros no nos han instruido acerca de las personas que nos drenan energía o en cómo emanciparnos de sus garras...".

En su libro enumera varios consejos útiles sobre cómo protegernos de estos vacíos energéticos. Ahora hacía mi mejor esfuerzo por recordarlos.

Muy bien, respira profundo. Permanece en calma. Creo que también dijo que vieras un espejo de dos vistas que te rodea por todas partes...

Me di cuenta de que cuando hablo con todas estas personas necesitadas, tengo que proteger mi "campo de energía" o no quedará nada de fuerza para mí.

Cuando terminé mis presentaciones el siguiente fin de semana, una fila de gente se formó para hablar conmigo. Parecía como la fila de felicitaciones en una boda. Respiré profundamente y pensé en las palabras de Judith. Luego imaginé en mi mente un espejo de dos vistas, como sugiere ella, para reflejar cualquier energía que no fuera mía, y respiré profundo varias veces antes de firmar los libros. Afortunadamente estuve bien. No sentí letargo ni enojo. Sentí dicha y energía.

Después, cuando llevaba a casa varias docenas de rosas que me dieron en el teatro, mi directora de escena me detuvo.

—Qué bonitas flores —dijo.

—Voy a tratar de que se mantengan vivas por más tiempo —respondí.

—¿Cómo? —preguntó

—Con luz —contesté y sonreí.

Llevé las flores a casa y las puse en un jarrón. Recordé un fragmento de la película *¿¡Y tú qué sabes!?*, durante el cual hablan sobre los "experimentos japoneses con el agua". La esencia de estos experimentos era ver si nuestros pensamientos o palabras podían cambiar la apariencia de las moléculas de agua al congelarse. Cuando se envían pensamientos amorosos hacia el agua, la apariencia de las moléculas congeladas, observadas en el microscopio, es de bellos copos de nieve. Los pensamientos de odio las hacían parecer como un revoltijo confuso. En vista de que el agua constituye ochenta por ciento de nuestro organismo, esta información hizo preguntarme la manera en que mis pensamientos podrían estar afectando mi bienestar físico.

Es demasiado abrumador...

De nuevo decidí comenzar con algo más modesto e intentar el experimento con las rosas.

Tomé el jarrón e imaginé pensamientos amorosos que entraban en el agua. Vi el balde de *Flashdance* que vaciaba una hermosa luz color violeta sobre mi cabeza, dentro de mi cuerpo, y que salía de mis manos hacia el florero.

—Gracias, bellas flores, por estar en mi casa —dije, mientras tomaba una fuerte inspiración de su dulce aroma.

Todos los días besaba las flores y las "recargaba" con un poco de luz. Incluso dejé que Britt las besara cada vez que me acordaba de hacerlo. Esas rosas florecieron durante casi tres semanas completas. Tomé una fotografía de ellas y la subí a mi *blog* para compartirlas con mis lectores. Varias personas me escribieron y dijeron que ellas también hablaron con sus flores o con sus plantas y obtuvieron resultados fabulosos. Otros dijeron que era una simple coincidencia.

Decidí realizar otro experimento. Compré dos docenas de rosas. A una docena la bañé con luz y palabras amorosas, y a la otra le lancé negatividad e insultos. Luego fui grabando en video los resultados para subirlos a mi canal en YouTube.

—Aquí vamos chicas —dije al colocarlas en sus respectivos jarrones.

Me sentí muy rara sosteniendo una docena de rosas mientras les decía: "¡Mierda, carajo, malditas flores, pedazos de mierda!". Pero era parte del experimento.

Coloqué las dos docenas, una junto a la otra, en la sala. Luego de unos días, comencé a notar que el lote "negativo" comenzaba a marchitarse. El grupo positivo seguía viéndose bien. Tomé mi cámara y grabé un video sobre el progreso.

—Aquí están, una junto a la otra —informé—. ¿Pueden ver alguna diferencia?

Cada día recargaba al lote positivo e ignoraba al negativo. Por último, el grupo negativo empezó a secarse, así que saqué mi cámara.

Llevé ambos floreros a la cocina mientras Clay hacía la cena y le pedí su opinión.

—Creo que los resultados no son concluyentes —dijo.

—¡¿NO SON CONCLUYENTES?! —grité—. Están totalmente muertas —discutí, tocando la docena negativa que se iba deshaciendo en mis manos.

—Bueno, el otro grupo no parece estar mucho mejor —dijo.

Aunque el montón positivo no se había abierto por completo, seguía estando húmedo y suave. Las hojas eran verdes y no estaban marchitas. No podía creer que Clay pensara que los resultados "no eran concluyentes".

A LA MAÑANA siguiente salí a caminar con mi amiga Kathryn. Kath y yo habíamos sido grandes amigas en la preparatoria, pero perdimos el contacto durante años luego de graduarnos. En fechas recientes habíamos reestablecido la comunicación y cada dos o tres semanas salíamos a dar una caminata intensa para ponernos al corriente de nuestras vidas.

—Creo que no hay ninguna duda de que tus flores positivas se veían mejor —dijo como comentario sobre mis videos de YouTube—. Es sorprendente que algunas personas tengan la mentalidad del "vaso medio vacío", sin importar las evidencias.

En general, Clay es bastante optimista, pero en el caso de mis experimentos con las flores asumió una postura de abogado del diablo.

—Tengo que contarte que Therese Rowley me aclaró muchas cosas sobre mi hija —continuó Kath mientras caminábamos.

La hija de Kathryn, que tiene ocho años de edad, estaba teniendo algunos problemas de ansiedad, tema que salió en una conversación que Kathryn había tenido con Therese.

—Me dijo que mi hija es "empática", lo cual supongo que es realmente común entre los niños actuales. La pobre está captando todo mi estrés e incluso la tensión de personas desconocidas con las que se topa —explicó.

—¿Cómo te ayudó Therese? —pregunté.

—Me dio unos ejercicios para ella con el propósito de que los haga antes de ir a la cama, y que le ayudarán a centrar su energía y a protegerla. En su mayoría tienen que ver con respiraciones y visualizaciones, y siento que están haciendo una verdadera diferencia.

—Therese tiene la misión de ayudar a los niños sensibles —dije—. Incluso tiene la propuesta de un libro que sería un manual para niños con dotes espirituales y para sus padres.

—*Por supuesto* que lo querría comprar —dijo Kath—. ¿Cuándo sale a la venta?

—Bueno, aún no tiene editorial.

—Tienes que decirme cuando salga.

—Claro —prometí—. ¿Sabes? Cuando era niña era igual que tu hija.

—¿De verdad?

—Me daban fuertes dolores de estómago cuando estaba rodeada de situaciones tensas y lo único que hacía que se me quitaran era cuando me recostaba en el sofá. No sabía por qué me dolía y ahora sé que estaba captando las emociones de otras personas.

—Todo lo que tenías que hacer era atraer un poco de luz —dijo Kathryn.

Si tan sólo hubiera sabido lo que sé ahora.

CAPÍTULO 11

Un ministro, una monja y una periodista entran a un bar...

 *Aprende de tus vidas pasadas*

Anuncio en la Iglesia Bautista *Twelve Oaks*:

WALMART NO ES EL
ÚNICO LUGAR CON
GRANDES OFERTAS.

—Hola, hijita, soy tu mamá —escuché el eco de la voz de mi madre por toda la casa cuando me dejó un mensaje—. Oye, creo que es una repetición, pero quiero que pongas el programa de Oprah.

Desde el incidente con Gwyneth Paltrow, había decidido boicotear el programa de Oprah y no verlo más.

—Está entrevistando al Dr. Brian Weiss por el libro que me contaste, *Muchas vidas, muchos maestros*.

La primera vez que escuché sobre ese libro fue a mediados de la década de los noventa, cuando mi amiga Jacquey me contó sobre él. El autor había recibido muchas críticas por dar terapia de vidas pasadas mediante hipnosis. Como médico y catedrático de Yale, Weiss puso en riesgo su reputación al publicar *Muchas vidas, muchos maestros*. Ahora es un autor con un libro en la lista de mejor vendidos del *New York Times* y lo entrevista Oprah. ¡Diría que hizo lo correcto al revelar sus prácticas!

El libro explica que, mediante el aprendizaje obtenido de nuestras vidas *pasadas,* podemos averiguar por qué tenemos ciertas fobias o aversiones en *esta* vida.

Fui a la sala y encendí el televisor. El Dr. Oz estaba hablando. Dijo que algunos físicos creen tener la ecuación que prueba que existen varias dimensiones diferentes que ocurren al mismo tiempo; cerca de once de ellas. Recordé que la asistente del Maestro John había mencionado este episodio, de modo que supe que, de hecho, sí era una repetición. Luego, el Dr. Oz mencionó que el universo está dividido por una especie de cortinas, como las de una regadera, y que de vez en cuando nuestra conciencia atraviesa de un lado a otro estas realidades, lo cual explicaría estas *vidas pasadas.*

¿Temes a los aviones? Bueno, pues existe la probabilidad de que hayas muerto en un accidente aéreo. ¿Sientes una extraña relación con una persona a la que acabas de conocer? Es probable que se hayan conocido hace trescientos años. ¿Tu madrastra y tú no se llevan? Quizá te haya asesinado en una vida pasada. Las opciones son infinitas.

Conocía acerca de muchas de *mis* propias vidas pasadas por las lecturas con Therese. Ella me dijo que con frecuencia muestran patrones de comportamiento que nos ayudan a comprender ciertas relaciones y las razones por las que se presentan de la manera que lo hacen en *esta* vida. ¿Tal vez te sientes atraído a una cierta época o lugar? Es probable que hayas tenido una maravillosa vida pasada en ese sitio en particular. Si algunos lugares te hacen sentir intranquilo, eso podría ser por la razón contraria.

Las vidas pasadas pueden explicar incluso algunas dolencias físicas. Cuando me quitaron las muelas de juicio unos días antes de estrenarse mi obra, padecí intensos dolores de garganta y complicaciones por la extracción. Tuve un problema de alvéolos secos que no sanaban y, semanas antes de que debiera subir al escenario, no podía hablar. Therese me hizo una lectura y encontró que había tenido varias vidas pasadas seguidas en las que me mataron por "decir mi verdad". Desde morir quemada en la hoguera durante los juicios por brujería en Salem hasta ser condenada a la horca durante la época de la Inquisición en España; silenciaron mis palabras porque yo hablaba en contra de las creencias generalizadas en esas épocas.

—Caramba, esto se puede ver con todo lujo de detalles —informó Therese durante la lectura. Hacía muecas como si estuviera viendo una película de terror—. Te están sacando la lengua lentamente con un instrumento de tortura.

Genial.

—Esto dejó una huella durante tantas vidas, que tu alma está tratando de protegerte de cometer el mismo error —explicó—. Intenta salvarte de recibir de nuevo un castigo.

Es irrelevante si estas historias son ciertas o no. Al escuchar la información, pude dejar la *huella* de esas vidas pasadas y seguir adelante.

Mi boca sanó en cuestión de horas.

Luego de ver el programa repetido de Oprah, decidí sacar algunas viejas entrevistas que había hecho con otras personas que afirmaban tener la capacidad para descifrar las vidas pasadas. Subí a la planta alta y empecé a buscar en un cajón lleno de viejas grabaciones. Al sacar un grupo de éstas, vi una cuya etiqueta decía "Sesión del alma 21-11-05".

Ni siquiera recordaba la sesión, no digamos las personas que habían participado en ella, así que corrí al sótano para sacar una grabadora muy antigua en la cual reproducir la cinta y refrescar mi memoria.

—Es un gusto estar contigo hoy —dijo la voz. De pronto tuve un recuerdo súbito. Stacy Gorman afirma que puede canalizar a un espíritu llamado Jacob, que no sólo ve nuestras vidas pasadas, sino también algunas cosas sobre el futuro. Personalmente no creo que alguien pueda pronosticar con precisión el futuro, puesto que tenemos libre albedrío. Muchos psíquicos dicen que lo que ven durante una sesión es lo que sucedería si todo continuara con la misma vibración e intención. Pero alguien podría simplemente decidir que tomará un avión e irá a Las Vegas, y echará a perder todo el plan. Caroline Myss me contó que "nuestras vidas son una combinación de elecciones y destino", de modo que quizá algunas cosas *ya están escritas.*

Esta sesión que grabé con Stacy ocurrió cuando yo tenía cinco meses de embarazo. Como sucedió con todas las "entrevistas" que realicé para mi investigación, sólo daba mi primer nombre para que no pudiesen engañarme y buscar información anticipada sobre mí. Nuestra conversación se realizó por vía telefónica, porque Stacy vive en Arizona.

—Has tenido más de quinientas vidas sobre la tierra, 541 para ser exactos. En cada una de ellas has aprendido algo diferente —dijo la voz.

¡Ése es un montonal de vidas!

—Tú nunca encarnas con un propósito específico, sino para tener una multitud de experiencias. En una vida fuiste un pintor. En otra tuviste una tienda de quesos en Italia.

A lo largo de los años me han dicho que fui un sacerdote, un indígena de Norteamérica, un guerrero mongol y varias monjas. Pero esta era la primera vez que escuchaba sobre haber tenido una tienda de quesos en Italia.

Sí, me encanta el queso.

—De 1586 a 1647 fuiste un hombre llamado Thomas Hooker. Fue una de las primeras personas en venir de Gran Bretaña a Estados Unidos para formar el nuevo mundo. Eras un ministro religioso que ayudaba a otras personas a entender cómo se debe rezar o sentarse en silencio con Dios.

Nunca antes me habían dado un nombre y una fecha exactos.

—Predicaste la tolerancia religiosa para todas las sectas cristianas. Eras un excelente orador y en esta vida sigues siéndolo.

¿Cómo sabe?

—En tu vida actual, tomas algo de cada cosa. Tu estado natural es escalar la montaña con un poco de fe en todo y piensas que *todo* tiene relación con Dios. No existe ninguna creencia particular que sea correcta. Ése es el propósito de saber que antes fuiste Thomas Hooker.

No le había dado mi nombre completo a esta mujer, de modo que, ¿cómo podía saber que estoy "escalando montañas" o que realmente creo que no existe una corriente religiosa específica que sea correcta? Además, su lectura sucedió antes de que escribiera cualquier libro, diera conferencias o me presentara en ninguna obra teatral sobre este tema.

—También vas a cambiar las áreas relacionadas con la infancia, con la manera de educar a los niños y de criarlos; ése será tu siguiente paso en este mundo —dijo.

Cuando ocurrió esta lectura estaba coproduciendo un video con Therese titulado "Diagnóstico erróneo de los niños dotados", donde alentábamos a los padres a utilizar otros medios de terapia antes de recurrir de modo automático a los fármacos psicotrópicos.

—Después de que nazca tu propio hijo, irás incluso más lejos y de verdad vas a agitar conciencias. Pero cuando decimos *agitar conciencias* no hablamos de que no sea de manera pacífica. Lo harás de un modo en que cada persona dirá: "Sí, podemos entender lo que dices, tiene sentido, es lógico que los niños nos digan *por qué* han venido a la tierra". Tu hijo que está por nacer es lo que se llama un "niño *cristal*".

¿Así que quizá todo ese asunto de platicar con el abuelo era parte de ser un "niño cristal"?

—Eres escritora y esto forma parte de la manera en que comunicas la verdad —dijo—. Después de que nazca tu hijo, publicarás un libro.

Cierto y también cierto.

—Vas a hacer películas; las películas te llevarán a ser más conocida.

Mi agente en Hollywood me abandonó cuando mi papá enfermó y yo ya no podría viajar a Los Ángeles sin previo aviso.

—Esto iniciará después de que tu hijo nazca. Hay un hombre que establece la fundación. Se volverá tu socio. Se reunirán y él te ayudará con la película.

¿Una fundación? ¿Un hombre? En vista de que no tengo ningún socio y ni el menor asomo de recibir una llamada de Hollywood, catalogué esa parte como "falla mediúmnica".

—La música serena tu campo de energía. Fuiste una artista que tocaba música, como un laúd, fuiste famosa por ello —dijo—. Creemos que Hillary Hahn, quien es violinista en esta vida, fue tu hija que murió joven en esa vida. Creemos que te serviría tener su música.

¿Qué diablos dices?

Con toda rapidez busqué a Hillary Hahn en Google y encontré a una bella joven que ha grabado varios álbumes clásicos. Pude imaginarme claramente una llamada a su publicista: "Sí, hola, me llamo Jenniffer Weigel y me gustaría hacer una cita para comer con Hillary. Verás, es que fui su madre en otra vida. Me gustaría que nos viéramos para ponernos al corriente. ¿Hola? ¿Sigues allí? ¡No estoy *loca*, soy una *periodista!*".

Algo me dice que eso no saldría muy bien que digamos.

—Tus guías dicen que uno de los principales mensajes para ti en este momento es que disfrutes cada instante y que no te preocupes demasiado por el futuro. Mientras más abandones la *necesidad* de controlarlo, más precisa será la respuesta que recibas para saber a dónde tienes que dirigirte.

Cualquiera podría estar enfrentando este mismo tipo de problemas pero, de nuevo, eran cosas bastante precisas para alguien que no me conocía.

—Debes atender a la dicha —concluyó— y recuerda, puedes pedirnos desde lo más pequeño hasta lo más grande que quieras. Te enviamos mucho amor...

En la grabación se oye que su voz se va desvaneciendo y la comunicación se interrumpe.

Me dirigí a mi recámara, donde Clay acababa de despertar.

—Estaba oyendo algunas grabaciones viejas sobre mis vidas pasadas —comenté.

—Qué bien —dijo, abriendo apenas los ojos—. ¿Y ahora quién fuiste?

Clay ya había oído muchas historias sobre este tema. Si yo misma no podía llevar la cuenta de ellas, seguramente no podía esperar que *él* lo hiciera.

—Un predicador llamado Thomas Hooker. Fue uno de los primeros colonos que vino de Gran Bretaña —respondí—. Fundó Hartford, Connecticut.

—Me parece estupendo —dijo mientras se levantaba de la cama—. ¿Alguien más?

—En otra vida fui la madre de una intérprete llamada Hillary Hahn. Ahora es una violinista muy famosa.

—Bueno, tú eres una autora *muy famosa*. Llámale para concertar una cita —sugirió, y se dirigió al baño para cepillarse los dientes.

—Sí, claro —respondí, saliendo de la habitación.

Al llegar al final del pasillo, Clay me gritó:

—¡Oye, Thomas! ¿Se te antoja un café de Starbucks?

—No, gracias.

REGRESÉ AL montón de cintas y saqué otra de una mujer llamada Corbie Mitleid. La había entrevistado por teléfono cerca de un año después de que naciera Britt.

—Me llega una fuerte sensación sobre algo, pero esto es poco común porque fue una mujer muy conocida —dijo Corbie—. Pero siento que en una vida pasada fuiste Nellie Bly.

Sabía que el nombre me era conocido, pero no sabía por qué. Fui a mi computadora y la busqué en Wikipedia.

"Nellie Bly fue pionera del periodismo. Sigue siendo trascendente por dos proezas: rompió un récord al viajar alrededor del mundo en ochenta días, como emulación de la obra de Julio Verne, y por un reportaje de investigación en el que puso al descubierto el manejo de las instituciones mentales. Nelly fingió estar loca para analizar un manicomio desde el interior. Además de su trabajo como escritora, también fue empresaria industrial y realizó obras de caridad".

Seguí leyendo y me enteré de que a las mujeres internadas en los hospitales mentales les obligaban a sentarse todo el día sobre frías bancas y tenían que comer carne podrida. Nellie escribió que muchas de las mujeres encerradas estaban tan cuerdas como ella misma. Escribió un libro sobre su experiencia en el manicomio y cambió la manera en que los médicos trataban a los enfermos y a las personas con problemas mentales.

Estudié con detalle la fotografía de Nellie en mi pantalla. Nos parecemos tanto que me hizo poner la carne de gallina. Ella también se había sentido frustrada con los trabajos que le asignaban para cubrir la "fuente de sociales" y las "notas insustanciales". Su verdadera pasión era narrar historias trascendentales y ayudar a la gente.

¡Yo soy ella!

Regresé a la grabación para escuchar más de la sesión.

—La mujer con la que trabajas ahora, que tiene una especie de mediumnidad, ¿Theresa? Era uno de los médicos en ese hospital con Nellie —dijo Corbie. Supongo que estaba hablando de Therese—. Ella quería que los otros médicos trataran con amor y calidez a los pacientes, y que los hicieran caminar en el exterior para que recibieran el aire fresco, pero en vez de ello los golpeaban y les daban bazofia y los encerraban amarrados con camisas de fuerza. Tengo la fuerte sensación de que ambas se han reunido en *esta* vida para cambiar el modo en que el mundo ve y trata a las personas que enfrentan dificultades únicas.

Cuando ocurrió esta conversación, Therese y yo no teníamos planes para cambiar la perspectiva del mundo acerca de ninguna cosa. Pero ahora le estaba ayudando a realizar la mercadotecnia para el Center for Intuitive Education.

Después de escuchar de nuevo mis cintas, llamé a Therese y le conté que éramos el doctor y Nellie Bly.

—¿No te parece la cosa más rara? —le dije. Lo único que podía escuchar al otro lado de la línea era silencio—. ¿Therese? ¿Estás allí?

—Sí —susurró. Podía escuchar un fuerte resuello y sonaba como si hubiese dejado caer el auricular—. Algo acaba de pasar...

En apariencia, Therese sufrió tal *conmoción* cuando saqué a relucir el hospital psiquiátrico, que todo su cuerpo se dobló de dolor. Las lágrimas comenzaron a correr por su cara.

—Nunca nadie me había dicho sobre *esa* vida pasada —dijo con voz tenue—. Realmente creo que podría ser cierto.

Luego Therese llamó a su madre, una católica devota que no cree en las vidas pasadas, y le contó que solía ser un médico que intentaba cambiar el trato hacia los pacientes psiquiátricos.

—Bueno, querida, ¿no es eso lo que *sigues* haciendo? —señaló su madre—. La gente acude contigo cuando siente que está un poco loca y luego tú los llevas a caminar hacia la *Luz* y les ayudas a sentirse mejor.

GUARDÉ MIS grabaciones y tomé mi abrigo.

—¿A dónde vas? —preguntó Clay.

—Quiero ver si consigo algún CD de Hillary Hahn —respondí.

Clay se me quedó viendo sin expresión alguna.

—La violinista.

—Ah, sí, tu *hija*. Ya veo. Buena suerte con eso.

Sabía que el concepto de haber sido la "madre laudista" de Hillary Hahn sonaba como una locura, pero soy fanática de la música clásica y eso picó mi curiosidad.

Había varias grabaciones de las cuales elegir, pero opté por una con obras clásicas de Bach y me la llevé a casa. El talento de Hahn era increíble.

¡Estoy tan orgullosa!

Mientras la escuchaba en mi auto, volví a sentir que se me erizaba la piel.

¿Qué onda con todo esto de que se me pone la carne de gallina?

Llegué a casa y verifiqué mis correos electrónicos: "Solicitud urgente de empleo".

Era mi mamá de nuevo.

Buscamos anfitriones entusiastas para crear videos para bienes raíces... los candidatos también deben ser capaces de editar, escribir y producir...

Y filmar y dirigir y saltar desde un avión...

Últimamente me había sentido muy descorazonada con los avisos de empleo, ya fueran de mi madre o los que yo misma buscaba. A pesar de mi pánico, tenía que recordar que todavía nos las arreglábamos para conseguir trabajo *justo* cuando lo necesitábamos. Aunque no era divertido vivir sin un horario sólido o un pago regular, seguíamos teniendo comida en el refrigerador.

Bajé por la lista de correos electrónicos al siguiente.

Le invitamos cordialmente a visitar IANDS CHICAGO para pasar una tarde con Deana Chase-Moore, masajista terapéutica e intuitiva de vidas pasadas que compartirá sus maravillosas y sorprendentes experiencias.

IANDS significa International Association of Near-Death Studies (Asociación Internacional de Estudios sobre Experiencias Cercanas a la Muerte). Cada mes presentan oradores o autores en el auditorio del Evanston Hospital. La fundadora de IANDS en Chicago, Diane Willis, me había pedido que diera una conferencia en ese sitio cuando salió mi primer libro y siempre me gustaban sus eventos. Continué leyendo el correo:

> Deana tiene dos citas disponibles en su agenda. Si desea una sesión en privado con ella, por favor avíseme de inmediato.

Rápidamente oprimí el botón de "responder".

> Gracias Diane. Me ENCANTARÍA tener una cita. Avísame qué fechas están disponibles.

EL DÍA de la conferencia de Deana, tomé un asiento en la parte trasera del auditorio y escuché mientras Diane pasaba el micrófono a los miembros del público.

—¿Querría compartirnos por qué vino hoy? —preguntó a un hombre corpulento cerca de las primeras filas.

—Hola, me llamo Brian y es la primera vez que vengo —dijo con actitud dudosa—. Sufrí un grave accidente de coche y estuve muerto en la mesa de operaciones. Vi el *Cielo* o la *Luz*, o como quieran llamarle. Fue la cosa más hermosa y pacífica que haya visto jamás. Sobreviví al choque y, después de eso, he adquirido cierto *conocimiento*; supongo que así se le podría llamar. Mis sentidos están más *sintonizados*. Sé las cosas antes de que pasen. Intenté contarle a mi familia sobre mi experiencia y pensaron que estaba loco.

Muchas personas que regresaron de la muerte contaron historias similares sobre haber adquirido una conciencia más aguda. De pronto, algunos adquirieron la capacidad para ver a personas muertas. Otros se volvieron sumamente intuitivos. Una mujer de cabello rubio y piel sedosa tomó el micrófono después de Brian.

—Vengo de Perú, por lo que les pido que disculpen mi acento —dijo en inglés entrecortado—. Tuve una experiencia cercana a la muerte. Me enseñó que todos tenemos la capacidad para calmar nuestro corazón. Es como respirar con el corazón, como un bebé. Los bebés nos enseñan esto. Todos podemos llegar allí. Sólo necesitamos tomarnos un momento para lograrlo —se detuvo un instante mientras sus ojos se llenaban de lágrimas—. Es tan hermoso cuando encuentras esta paz del corazón.

Diane tomó el micrófono y dijo:

—¿Saben que una de cada diez personas en EUA ha tenido una experiencia cercana a la muerte? Una de cada diez. Eso representa cerca de veinticinco millones de personas, lo cual es bastante notable.

Finalmente Deana, la oradora principal, subió al estrado. Era rolliza, fuerte, pero completamente encantadora. Dijo que había muerto en dos ocasiones; cada una de ellas durante cirugías de rutina.

¡Qué...! Espero que haya cambiado de médicos.

—La primera vez que vi la *Luz* estaba en la mesa de operaciones —dijo—. Fue como si flotara por arriba de mi cuerpo y veía todo lo que sucedía. Escuché al médico y a la enfermera que comentaban sobre los zapatos de otra persona. Fue realmente extraño, si consideramos que yo estaba *muerta*, ¡y ellos se dedicaban a hablar de calzado!

El estilo franco de Deana era hilarante.

—Al despertar de la operación les dije a los médicos lo que les había escuchado decir y no podían creerlo —rió.

—Usted estaba inconsciente —insistió el médico—. No hay manera de que pudiese haber oído ninguna conversación.

—Siento mucho decepcionarlo, pero oí todo lo que estaban diciendo.

Después de haber visto a los médicos y enfermeras, se encontró caminando por un túnel.

—El mejor modo en que puedo describirlo es como si hubiera estado en una de esas pasarelas eléctricas de los aeropuertos —continuó—. Vas caminando, pero a una mayor velocidad que la normal. Llegué hasta la *Luz* y era como Dorothy en *El Mago de Oz*, que pasa de blanco y negro a color cuando entra a Oz. Era maravilloso —dijo, sosteniendo sus manos al frente como si reviviera el momento—. Podía *escuchar* el movimiento de la hierba. Podía *ver* las texturas de las flores. Era dolorosamente bello.

Dijo que intentó entrar a la *Luz* tras cruzar un puente y que había tres seres en su camino que no se lo permitieron.

—Y al tener la idea negativa de que no podía entrar, de pronto regresé a la mesa de operaciones y a mi cuerpo.

La segunda vez que vio la *Luz* fue años después. Por desgracia, su esposo había muerto en un accidente automovilístico y, unos cuantos días después del percance, ella tenía que ingresar al hospital para otra operación de rutina.

—Me sentía tan desolada que decidí que me iría con mi esposo —explicó—. Ya no quería estar en este mundo sin él.

Así que hizo su testamento y puso en orden toda la documentación necesaria antes de someterse al bisturí.

—Además —dijo—, debo explicarles que *odio* el papeleo más que cualquier otra cosa en el mundo, así que esto realmente era una molestia para mí.

Durante la operación, la anestesiaron y de inmediato vio a su esposo.

—Caminé hacia él con los brazos abiertos y le indiqué: "Vine para quedarme contigo", y él extendió su mano para detenerme y dijo: "No. No ha llegado tu hora". Yo lo miré como si estuviera loco y respondí: "¿Sabes cuánto papeleo he tenido que realizar para *llegar* aquí?" Me miró y dijo: "No está en mis manos o ni siquiera en las tuyas. Es que no ha llegado tu hora. Aún no has tenido suficientes experiencias en la vida. No has vivido, ni sufrido, ni compartido suficiente. Cuando llegue tu hora, vendré por ti".

Así que Deana regresó a su vida como masajista terapéutica y narra a la gente la historia de sus vidas pasadas.

—Se nos ha dado todo —explicó—. Tomamos un cuerpo una y otra vez para aprender todas las lecciones que ese cuerpo puede enseñarnos.

A ver, inténtalo 541 veces. Estoy hasta la coronilla.

Dos días después acudí a casa de Diane para mi sesión con Deana.

—Las dos pueden subir a la planta alta —dijo Diane.

Subimos hasta la habitación donde Deana estaba dando sus lecturas. No tenía la menor idea de si recibiría un masaje o si simplemente íbamos a hablar.

—¿Te parece bien si grabo la sesión? —pregunté mientras sostenía mi grabadora digital.

—Ah, sí, por supuesto —dijo sonriendo—. Adelante. Siéntate en el futón y quítate los zapatos y los calcetines.

Me senté en el futón mientras Deana se sentaba lentamente en el piso.

—No tengo tanta flexibilidad como antes —bromeó al tratar de inclinarse.

Mientras me acomodaba, ella tomó mi pie izquierdo.

—¿Repíteme tu nombre?

—Me llamo Jenniffer —dije.

Aunque Deana podría haber obtenido con toda facilidad mi información y datos biográficos por Diane, tuve la sensación de que no era del tipo de persona a la que importara investigar a sus sujetos. No estaba vendiendo un libro y rara vez llevaba a cabo estas sesiones. Sólo iba a masajearme los pies y a contarme algunas cosas.

—Lo único que tienes que hacer es relajarte —prosiguió y comenzó a frotarme el pie izquierdo—. Voy a pedir que tengamos un poco de verdad, luz y salud.

Fabuloso. Sólo prométeme que seguirás con eso del masaje...

Deana dirigió la mirada sobre mi hombro derecho.

—Tu guía dice que se llama Cynthia y que ha estado contigo desde el principio. Ah, y tienes otros dos, Roger y... ¿cómo te llamas? —preguntó al aire—. Howard. Bien.

¿Cynthia, Roger y Howard? Supongo que eso es mejor que Manny, Sid y Diego.

—Dicen que tienes que tomarte algún tiempo para ti. Y no sólo eso; dicen que no puedes arreglar la vida de nadie mas que la tuya. Eso les preocupa. Sigues tratando de hacer más *al exterior*, en lugar de hacerlo *al interior* —dijo, mientras ponía su mano sobre su pecho.

Continuó con el masaje y fijó la vista, como si esperara recibir una transmisión.

—Muy bien, la primera vida en la que te veo fuiste un médico. Eso fue durante la época inmediatamente después de Enrique VIII. Veo un tarro de boticario lleno de sanguijuelas que llevas contigo para hacer sangrías. Fuiste médico de algunas personas muy importantes. En realidad no creías que hacer cortaduras en los brazos de la gente y colocarlos en agua era la manera de sanarlos, pero ésas eran las prácticas de todos en ese tiempo. Te interesaban las hierbas, a diferencia de algunos de los demás médicos, pero tenías que ocultarlo porque no querías que nadie dudara de tus capacidades o te acusaran de brujería. Pero habías podido observar que las hierbas funcionaban. Tenías que ser muy diplomático en cuanto a quién le dabas esa información. Esto tiene importancia para tu vida actual, porque aparentemente tienes la capacidad para descifrar muy bien a la gente cuando tienes que decidir a *quién* le cuentas algo. Aprendiste esto durante esa vida cuando eras médico.

Esto me pareció interesante. Al cambiar de ser "periodista" a convertirme en "guerrera espiritual" pronto me di cuenta de que no podía gritar a los cuatro vientos que estaba dedicándome a acudir a sesiones para conocer mis vidas pasadas. Eso de "sanar con hierbas" me iba muy bien en esta vida. Seguía recibiendo críticas por tratar el reflujo de mi hijo con té de manzanilla en vez de Prevacid. Deana también estaba en lo correcto en lo que se refiere a tener cuidado de la información que comunico. Toda mi vida he tenido que "elegir a mi público", por decirlo así.

Deana continuó con la lista de una diversidad de vidas. Me vio en la antigua Grecia como un atleta, en el Tíbet como monje, en Europa como una monja y como un sacerdote.

—Has sido bastantes monjes, sacerdotes y monjas en suficientes religiones como para saber que *todas* son correctas y que *todas* están equivocadas —rió—. *Todas* estas cuestiones del dogma en las religiones fueron creadas por el hombre y no por Dios. Lo que importa es que hagas tu mejor esfuerzo todos los días y que no juzgues a los demás.

Éste parecía el tema que me gobernaba ahora.

—Tenemos que ser la mejor persona que podamos ser y entonces no tendremos remordimientos al final de nuestra vida. Pero no todos coincidimos en qué representa ser la mejor persona que podamos. Para alguien podría significar postularse para la presidencia y para otra podría ser estar sentada en un sofá acariciando a su perro. Y si no nos flagelamos por ello, eso es mejor.

Me reí ante la idea de que mi familia "celebrase" que alguien se siente en el sofá a acariciar al perro. Aunque mi papá *amaba* a los perros, un currículum admirable era mucho más importante.

—Dios no hace que una persona esté más alta que otra. Eso lo hacemos nosotros; sin embargo, todos venimos con nuestras propias experiencias únicas —dijo.

Deana volvió a fijar la mirada al sitio donde dijo que estaban parados mis "guías".

—Me dicen que tus mejores ideas te vienen cuando corres —continuó. Es interesante señalar que yo no había mencionado que fuera una corredora y estaba vestida con vaqueros y una sudadera, así que no pareciera posible que ella se hubiera dado cuenta de que yo estaba en buena condición física—. Algunas personas meditan, pero tú no puedes estar quieta y obtienes los mismos beneficios al salir a correr.

Durante años había intentado meditar, pero Deana tenía toda la razón; en mi caso, quedarme sentada en silencio duraba cerca de tres minutos, antes de que me levantara y tuviera que ir a *hacer* algo.

Continuó oprimiendo en los puntos de presión de mi pie.

—¿Te estoy lastimando? —preguntó.

—De ninguna manera —dije. Soy una de esas personas que le dice al masajista que friccione lo más fuerte posible para que pueda sentir cómo arden los músculos. De verdad estaba gozando del masaje de pies y las cosas se pusieron todavía mejores cuando escuché a través de las paredes el sonido de un piano.

—Ahhh, gracias Diane —dijo Deana. Diane había estudiado música en Julliard y tocaba varios instrumentos—. Esa pieza se llama "Un suspiro". Ayer la estaba tocando.

Mientras la música flotaba en el aire, sentí que se me erizaba la piel.

—Perdón por eso, pero últimamente he estado sintiendo con mucha frecuencia que se me pone la carne de gallina —dije mientras Deana masajeaba mis pantorrillas—. Ahora es *más que obvio* que no me depilé las piernas.

—Ah, no me importa —rió—. Cuando escuchas cosas que tienen que ver con tu *auténtica verdad,* sientes lo que se llama "escalofríos de confirmación". Tu cuerpo te los envía para atraer tu atención. Es como si te dijera: "Presta *atención*. Esto es real. Esto es cierto. Atiende".

Siguió frotando mis piernas mientras se calmaban los escalofríos. Dirigió la vista al infinito por sobre mis hombros, esperando más información. Los ojos de Deana se iluminaron como si estuviera viendo algo muy gracioso.

—Te veo en una panadería en el valle del Loira, en Francia. Eras dueña de una pastelería y horneabas panes y pasteles, y eras simplemente adorable y graciosa —rió—. Tu esposo en esta vida era propietario de una taberna que estaba al otro lado de la calle y fueron grandes amigos.

Si bien no podría hornear un pastel aunque en ello me fuera la vida, tanto mi esposo como yo teníamos una obsesión con el valle del Loira. A menudo hablábamos sobre tomar unas vacaciones de ensueño en esa región. Sin embargo, nunca antes habíamos estado allí.

—Reconociste de inmediato a tu marido cuando lo encontraste en esta vida, ¿no es cierto?

—Así es —respondí.

Cuando conocí a Clay, ambos éramos reporteros novatos del informe del tránsito y teníamos menos de treinta años. Yo estaba sentada en mi computadora escribiendo sobre algunos tiempos de recorrido. Se acercó detrás de mí y me apretó un hombro para saludarme. Tuve "escalofríos de confirmación" que recorrieron todo mi cuerpo.

—Vamos a ver cómo moriste en tu vida de panadero —dijo mirando hacia un lado.

—Sí, veamos —comenté con una sonrisa y seguí disfrutando del masaje de pies.

—Oh, fue un incendio espantoso y tú tropezaste y caíste; moriste por inhalación de humo.

Qué mala pata.

—Saliste de tu cuerpo antes de quemarte por completo —continuó.

—Es bueno saberlo.

—A veces, cuando nos acercamos a la muerte, es casi como si el miedo nos expulsara de nuestro propio cuerpo. El espíritu sale y después muere el cuerpo. Esto es muy importante en los accidentes aéreos, cuando los espíritus abandonan el cuerpo antes del impacto.

Deana tomó mi mano derecha y comenzó a frotarla.

—En tu vida inmediatamente anterior a esta, naciste en 1935. Eras un hombre que quería entrar al ejército. Fuiste a Corea. Sufriste heridas y regresaste a casa. Al volver, estabas muy desilusionado porque no entendías esa cantidad de muertes y asesinatos. Te preguntabas cómo era posible que la religión dijera que no se debe matar, pero a ti se te había asignado que lo hicieras.

—Siempre me ha asqueado la guerra. Nunca ha tenido sentido para mí la injusticia que representa que la gente muera a causa de las discordias.

—Entonces fuiste a muchas iglesias diferentes para tratar de encontrar la religión que te funcionara. Nunca encontraste una con la que te sintieras satisfecho por completo.

Allá vamos de nuevo.

—Decías una y otra vez: "Debe de haber algo más, porque yo sigo teniendo ansiedad por encontrarlo" —prosiguió, mientras presionaba la palma de mi mano—. Moriste en un accidente de automóvil en 1965.

—Oh, no —dije—. ¿Sólo tenía treinta años?

—Los frenos fallaron y el auto se fue hacia un precipicio —respondió, con una especie de tono pragmático—. Y eso fue todo.

Deana frotó por unos cuantos segundos más y luego retiró sus manos de las mías.

—Creo que hemos terminado —dijo—. No hay más vidas, ni más masajes.

—Oh, qué barbaridad —contesté, sorprendida de que nuestro tiempo hubiera terminado.

—¿Tienes alguna pregunta? —inquirió con una sonrisa.

—Sí, de hecho, tengo una —dije al tiempo que me ponía los zapatos—. Cuando ves la *Luz*, ¿te sientes totalmente en paz?

—¡Oh, Dios, sí! Es esa paz que viene de la armonía. En la que tienes una sensación de "¡sí..., *así* es como todo encaja en su sitio!".

Como cuando encontramos una bella pieza musical que nos da esos escalofríos de confirmación o, incluso, durante una maravillosa relación sexual. No podemos tenerlo todo el tiempo, sino que ocurre de vez en cuando y nos ayuda a comprender que *eso es* lo que habíamos estado buscando. Porque cuando estamos en la *Luz*, así se siente *todo* el tiempo.

Siempre me había asustado mucho la muerte. Pero al escuchar que era como tener "maravillosas relaciones sexuales", se volvía mucho menos intimidante.

TOC, TOC, TOC.

—Ay, no —dije, deseando que la conversación no terminara.

Un hombre asomó la cabeza hacia la habitación. La siguiente cita de Deana había llegado y era momento de retirarme.

Al llegar a casa, Clay estaba haciendo galletas caseras con chispas de chocolate.

—¿Entonces? ¿Qué pasó? —preguntó mientras encendía la batidora.

—Yo fui un panadero en el valle del Loira y tú tenías una taberna al otro lado de la calle —dije y metí un dedo en la mezcla—. Creo que quizá confundió nuestros papeles.

Me pregunté cuántas parejas en este planeta habrían tenido una conversación de este tipo mientras estaban paradas en la cocina. Me imagino que quizá sean dos.

—¿Te dieron un masaje como parte de la experiencia? —preguntó.

—De pies y manos —dije.

—¡Bueno, eso ya es algo!

Capítulo 12

Cuídate de los predicadores con melena

☞ *Desarrolla tu intuición*

Anuncio en la Iglesia
Bautista de Cornerstone:

> NO ME OBLIGUES
> A DARTE TU
> MERECIDO.
> —DIOS

ME PREGUNTO, ¿cómo estará Millard?

Una mañana me estaba cepillando los dientes cuando Millard Fuller vino de pronto a mi mente. No había pensado en él desde que estuve en San Diego para la conferencia donde él fue el orador principal. Saqué mi BlackBerry® y envié un correo electrónico a Bettie Youngs, la autora de la biografía de Millard.

—¿Cómo van las cosas con el guión sobre la vida de Millard? —escribí.

Pocos minutos después, Bettie me envió el obituario de Millard.

—¡DIOS MÍO! —grité. Millard acababa de morir debido a las complicaciones de una breve enfermedad. Tenía setenta y cuatro años. De inmediato llamé a Therese.

—Estaba pensando en él mientras me lavaba los dientes y ahora está muerto. Me siento tan triste.

Aunque apenas conocía a Millard, fue una de esas personas que en verdad cambió mi vida con un simple encuentro. Me hizo tener el deseo de servir a los demás. No podía creer que ya no estuviera aquí.

—Tu intuición está realmente en desarrollo —dijo Therese—. Es como un músculo, mientras más la uses, más fuerte se vuelve.

VARIAS SEMANAS después, cuando estaba lavando los platos, vino a mi mente una imagen de un viejo conocido mío llamado Randy Rogers. Randy era dueño de una empresa de filmaciones en video para eventos de prensa. No había pensado en él ni lo había visto desde finales de la década de los noventa, cuando yo solía hacer reseñas de películas para televisión.

¿Por qué vino a mi mente justo ahora?

Hubo un evento en particular durante el cual Randy y yo nos hicimos amigos al conversar sobre nuestros recorridos espirituales recién descubiertos. Ambos éramos periodistas escépticos que empezábamos en el conocimiento de estos temas. Él comenzó como un galardonado reportero gráfico que finalmente creó su propia compañía productora en Hollywood. Yo era una reportera de noticias a quien habían cambiado a la fuente de celebridades en Los Ángeles y Nueva York. Acababa de hacer mi primera entrevista con James van Praagh, y le conté a Randy que supuestamente el médium había contactado a mi abuela muerta. Poco tiempo antes, Randy acudió con un acupunturista que le había hablado sobre algunas de sus vidas pasadas.

—Bueno, pensaba que la *acupuntura* era algo extraño, ¿pero que me hablara de mis *vidas pasadas*? Me pareció que todo eso sonaba como una locura —explicó. Pasamos tres horas comparando nuestras experiencias.

No lo había visto en más de diez años.

—Me pregunto, ¿qué estará haciendo Randy? —pensé mientras enjuagaba algunos platos. Luego recordé el incidente con Millard—. *¡Mierda*, espero que no haya *muerto!*

Al día siguiente, mientras conducía al trabajo, sonó mi celular.

—Hola, Jen, soy Sara —dijo la voz al otro lado de la línea. Sara fue la publicista para mi primer libro—. Tengo un autor que va a venir a Chicago y esperaba que pudieras hacer un artículo sobre él para tu *blog*. Su nombre es Randall Rogers.

—Qué gracioso, pero hace poco estaba pensando en un amigo mío que tiene un nombre parecido —dije. No pensé que fuera la misma persona, porque Randy nunca había mencionado que fuese escritor.

Cuando llegué a mi escritorio, abrí el comunicado de prensa de Sara y me sorprendí al descubrir que "Randall" era el mismo Randy a quien había conocido años antes.

—Por supuesto que escribiré un comentario —dije a Sara.

Cuando Randy y yo nos comunicamos por teléfono fue como si el tiempo no hubiera pasado desde nuestra última conversación. Me contó sobre varias "coincidencias" que ahora creía que representaban algo mucho más profundo. Todo comenzó con un sueño vívido que tuvo acerca de Kathy, una antigua compañera de clases que, según supo después, había muerto de cáncer. Ahora Randy recibía *intuiciones* de Kathy y se sentía conectado más que nunca antes con su lado espiritual. Con base en sus experiencias escribió un libro llamado *The Key of Life* (La clave de la vida) que estaba promoviendo por todo Estados Unidos.

—Kathy acude a mí en muchas ocasiones —dijo—. Durante uno de mis sueños me contó acerca del sitio donde está. Dijo que es como un vaso lleno de agua y hielo, donde nosotros somos como los cubos de hielo y aquellos que están en el Otro Mundo son el agua que rodea a los cubos. Seguimos conectados, pero de una manera diferente.

Me encantó la analogía. Otra de mis favoritas proviene de mi amiga Denise Guzzardo, una psíquica y médium cuya historia presento en mi primer libro.

—Es como sintonizar una estación de radio —expresó—. A veces se escucha nítidamente y a veces es confusa. Están muy cerca. Sólo que se encuentran en un canal diferente.

—Me alegro tanto de que Sara me haya llamado —dije—. Es tan agradable poder hablar de estas cosas con alguien que no cree que estoy loca.

—Mientras más te conectas con ello, con más frecuencia te sucede —dijo Randy—. Yo era de lo más científico que puedas imaginarte antes de que me sucediera esto. Todo se refiere a ajustar las vibraciones. En verdad creo que las coincidencias no existen.

—Quisiera que hubieras visto mi monólogo en el teatro —continué—. Acabamos de cerrar, pero en mi obra hablo sobre todo esto.

—¿Tendrás otra temporada?

—He estado pensando en la posibilidad.

El día de mi última presentación ansiaba tomar un descanso. Había hecho cerca de cincuenta representaciones en tres periodos consecutivos, así que estaba lista para dejar de hablar por un tiempo.

Mientras me despedía del público haciendo una reverencia desde el escenario, vi que cuatro personas en primera fila me daban una ovación de pie. Me imaginé que debía conocerles porque se mostraban tan expresivos y receptivos como mi familia o amigos. Pero al verles más de cerca, nadie me era familiar. El padre tendría cerca de cincuenta y tantos años, y estaba con tres adultos jóvenes, todos ellos entre las edades de veinte a veinticinco años.

—Hola —dije al hombre luego de que habían concluido los aplausos—. ¿Cómo te enteraste de la obra?

—Trabajo con Clare y ella me dio tu libro —respondió.

Clare fue la mujer que había conseguido su trabajo de ensueño con las niñas de Guatemala después de que empezó a *cambiar su vocabulario*. Pronto recordé que esa misma semana me envió un correo electrónico diciéndome que su amigo Greg y su familia estarían entre el público para mi última presentación. Lo describió como "uno de los hombres más generosos que conozco".

—Todos mis hijos también leyeron tu libro —añadió Greg con una gran sonrisa, mientras señalaba a los tres que estaban parados junto a él.

—Realmente podemos identificarnos —expresó una de sus hijas.

—¿De verdad? —respondí—. ¿En qué sentido?

En apariencia, los tres hijos de Greg podían ver a los muertos o tener intuiciones que eran más profundas que las de la mayoría de la gente.

—¿De verdad? —exclamé sorprendida. Greg es comerciante con la Chicago Board of Trade. No podía imaginarme que las capacidades de sus hijos para ver a los muertos fueran un tema interesante de conversación durante los almuerzos—. ¿Y qué tal les está resultando ese asunto? —dije a modo de broma.

—Ha sido..., bueno, cuando menos puedo decir que ha sido interesante —respondió con una carcajada.

Después de conversar con sus hijos durante un rato, intercambié mis datos con una de sus hijas, Elizabeth. Tiene un hermoso cabello rojizo y profundos ojos castaños.

—En verdad tenemos que salir a comer juntas —apuntó—. Me gustaría contarte algunas de mis historias.

Un par de semanas más tarde hice planes para reunirme con Elizabeth en el Salt and Pepper Diner, en el vecindario de Lincoln Park en Chicago. Una vez sentadas a la mesa, me contó que cuando estaba en la universidad, hacía dos años, tuvo un terrible accidente de auto donde perdió a su mejor amigo, Sam. No podía recordar nada de lo ocurrido durante las nueve horas posteriores al accidente, pero experimentó un "sueño" vívido, como ella le llama, de una aventura que tuvo con Sam.

—¿Quizá estabas técnicamente muerta y estuviste con él en el Cielo? —sugerí—. ¿Crees que el accidente te produjo algún tipo de intuición que no hayas tenido antes?

—Siempre la he tenido —explicó—. Desde que éramos niños. De hecho, mi hermana ve fantasmas. En mi caso tiene que ver más con corazonadas o incluso sueños que revelan información que podría necesitar más adelante en la vida. Mi hermano, el más pequeño, es quien tiene más habilidades que todos nosotros.

Luego Elizabeth me contó que ha sido niñera de pequeños que tienen dones similares.

—Sus padres se lo adjudican a los "amigos imaginarios" —continuó—. Les dan sodas dietéticas y comidas chatarra, que son venenos para los niños intuitivos. No tienen indicio de cuán dotados son sus hijos. Eso me rompe el corazón.

—¿Cómo lo tomaron tus padres cuando ustedes estaban creciendo? —inquirí.

—Estaban asombrados. Fuimos a escuelas católicas donde las monjas querían medicarnos porque habíamos hecho nuestra tarea demasiado rápido y nos aburríamos en clase. Mi papá les dijo que se olvidaran de eso, y nos cambió a otra escuela.

—Eres muy afortunada. Existen muchas personas que consideran que esas habilidades son una maldición o que simplemente esperan que desaparezcan —pensé en mi amigo James o en el bombero que dijo que podía ver y escuchar a los espíritus.

—Lo sé —respondió, levantando sus manos—. ¡*Nosotros* somos los normales!

Mientras Elizabeth y yo hablábamos, vi por el ventanal a una mujer que iba caminando y que se parecía mucho a Therese. Golpeé en el vidrio para atraer su atención.

—¡Oye! —dije, y levanté la mano para saludarla—. Ésa es Therese Rowley.

—¿La médium de tu libro y de tu obra? —preguntó Elizabeth—. ¡No lo puedo creer!

Therese vivía a la vuelta de la esquina. Le había invitado a reunirse con nosotras para comer, pero tenía una cita con el dentista, al parecer salió temprano.

—¡Hola, chicas! —dijo mientras tomaba asiento— ¿Cómo nos está yendo?

Therese sólo estaba enterada de que Elizabeth fue a ver mi obra con su familia y nada más.

—Elizabeth tiene dotes de intuición —dije—. Ella y sus hermanos son como tú —reí—. Y la buena noticia es que sus padres estaban totalmente de acuerdo con todo eso durante los años de su desarrollo.

—Vaya, eso es una verdadera bendición —comentó Therese.

Mientras hablaban entre sí, Elizabeth mencionó que su hermana no estaba segura de cómo manejar a los fantasmas que se le aparecían en su departamento.

—Caminan por todas partes y ella les dice: "No los conozco, ni sé por qué están aquí, de modo que quisiera que se vayan" —concluyó Elizabeth.

—Bueno, puede establecer límites con esos espíritus —dijo Therese, como si ésta fuera una conversación de lo más normal—. Podría decirles: "Sólo tengo tiempo para conversar con ustedes a las 5 de la tarde los jueves, así que *no* regresen hasta esa hora". Tienes que establecer algunas normas de conducta.

¿Quién lo hubiera dicho?

—De verdad quisiera que viniera mi hermana y te conociera —dijo Elizabeth—. Esto le ayudaría mucho.

—Pensaba realizar talleres sobre el tema y quizá también algunos para los padres de niños con estas habilidades —continuó Therese—. Estoy escribiendo un manual para los padres y para los niños con dotes intuitivas.

—Conozco a mucha gente que compraría ese libro —contestó Elizabeth.

—Si me hubieran dado medicinas cuando era niña, nunca hubiera podido identificar mis dones y utilizarlos para ayudar a los demás. Tenemos que crear otras perspectivas para estos niños; hacer que sepan que tienen un don y no un trastorno. Así podrán desarrollar sus habilidades intuitivas —el entusiasmo de Therese empezó a brotarle por los poros. Y entonces, como si alguien se hubiera dejado caer en el asiento junto a Elizabeth, Therese comenzó a entrecerrar los ojos y a mirar hacia su costado.

—Eso generalmente significa que aquí hay un espíritu —expliqué a Elizabeth, imaginando que si había alguien que pudiera manejar este tipo de información extraña ésa sería una mujer con talentos similares.

—Therese exhaló rápidamente tres veces.

—¿Es Sam? —pregunté.

—Sí —dijo Therese, señalando hacia Elizabeth—. Lo estoy viendo salir disparado de un auto. Puedo ver que sale expulsado... —Therese puso las manos en su garganta, como si estuviera *sintiendo* el impacto del accidente.

Elizabeth parecía conmocionada.

—Está contigo muchas veces —prosiguió Therese—. Tienes que contar su historia y las cosas que pasaron mientras estuvieron juntos. Ése era el Cielo. Estuviste con él en el Cielo. Esto servirá a otras personas. Me está mostrando cómo te va a ayudar a lograrlo —luego Therese empezó a reír—. Es un espíritu tan vivaz.

Observé a Elizabeth mientras escuchaba a Therese. Parecía tener dificultades para procesar todo este intercambio. Y luego sus ojos fueron llenándose de lágrimas a la vez que intentaba hablar.

—Lo puse todo por escrito —dijo Elizabeth—. Fue mi tesis en la universidad. Simplemente vino a mí. Sabía que era cierto. Sentí como si eso fuera exactamente lo que pasó, aunque no tengo ningún recuerdo verdadero de lo que sucedió.

—Sí, de hecho lo tienes —dijo Therese—. Sam te ayudó a recordar.

En el curso de los siguientes meses, Elizabeth pidió mi colaboración para producir un video para una asociación caritativa llamada H.E.A.R. Foundation, que su padre había ayudado a lanzar.

—Vamos a regalar alimentos a familias desprotegidas del área sur de Chicago —explicó—. ¿Nos puedes ayudar?

—¡Estaré encantada de hacerlo! —respondí.

La mañana de la filmación, mi madre vino para su visita semanal.

—Quiero que pongas el canal 10 en este momento —dijo.

—¿Por qué? —casi temía preguntar.

—No quiero que lo juzgues, Jenniffer —dijo en tono de regaño—. Se llama Joel Osteen y es un orador sumamente místico.

Encendí el televisor y vi a un tipo con una melena en la nuca y grandes dientes, que predicaba la "Palabra del Señor" ante un estadio lleno de seguidores en Houston.

—¡Mamá, es un evangelista televisivo! —grité.

—Es diferente —gruñó—. No es como todos los demás. No pide dinero. Habla desde el corazón. ¡Tan sólo dale una oportunidad!

Intenté darle esa oportunidad, pero el cintillo en la parte inferior de la pantalla me distrajo de inmediato.

—Mamá, cuando pasan "únete a nuestra comunidad" cada tres segundos en la pantalla, eso quiere decir que piden dinero —dije.

—¡Sólo escúchalo! —insistió.

—No pueden contenerlos —decía Osteen con un fuerte acento sureño—. Algunos de ustedes serán escritores o guionistas premiados o tendrán sus propios negocios. Simplemente no saben qué les tiene reservado Dios. Él cree en ustedes.

La multitud aplaudió y los fieles levantaron su Biblia.

—Suena como si estuviera diciendo que para triunfar necesitas convertirte en un autor exitoso o tener tu propio negocio —dije—. ¿Qué pasa si eres guardia de seguridad o trabajas en Burger King? ¿Eso quiere decir que Dios no te querrá igual? —pregunté.

—Eso *no* es lo que está diciendo —protestó y agitó la cabeza con gran decepción—. Quiere que te plantees metas más elevadas. Está diciendo que todos podemos aspirar a lo que queramos.

Tenía un verdadero problema con toda esa locura de "sentirse merecedor" que se estableció a partir de la publicación de *El secreto*. De pronto, todo el mundo pensaba que si tan sólo creaba un tablero con su visión, todo estaría bien en el momento que consiguieran todas esas *cosas*.

—No tiene que ver con tu título o con hacerte rico, mamá. Algunas personas no quieren administrar una empresa. Y si de hecho *sí* administras una empresa, ¿eso quiere decir que de inmediato vas a alcanzar la felicidad? —conocía a muchas personas realmente exitosas y ricas que eran por completo infelices.

—Está alentando a la gente a seguir sus sueños —refutó.

—Necesitan sentir el amor de Dios y saber que Él les apoya a tener éxito —continuó Joel.

—Lo que me molesta es su forma de hablar—respondí.

En cualquier instante que escucho esa cadencia de "fundamentalismo religioso" en la voz de un orador, acompañada de grandes ademanes con las manos, simplemente me hace desviar la atención.

—No quiero oír hablar de mi espiritualidad con ese tono trémulo en la voz.

—Eres tan crítica —dijo mamá—. Afirmas que eres una persona espiritual, pero juzgas todo el tiempo.

—Estoy segura de que Joel Osteen tiene un adorable mensaje. Es obvio que está haciendo algo bien, ya que llena los estadios, pero no es algo que me atraiga —suspiré—. Todos tenemos un modo diferente de llegar a eso, mamá.

Una hora más tarde llegó el momento de acudir a la filmación.

—¿Quieres que te supla? —preguntó Clay. Había estado escribiendo toda la semana y la idea de que él tomase mi lugar era bastante atractiva.

—Mmmm —dije—. Es tentador.

Me detuve junto a la puerta principal durante un momento y, cuando estaba a punto de tomar el estuche de la cámara, escuché:

Necesitas acudir a esta filmación. Hay una persona que tienes que conocer.

—Muy bien —afirmé.

—¿Muy bien qué? —preguntó Clay.

—Se supone que debo ir —respondí—. Tuve una *intuición*.

—Claaaro —dijo Clay, y caminó de regreso a la cocina.

AL DIRIGIRME al centro para recoger a mi camarógrafo, ingresé a los carriles exprés de la autopista, que estaban completamente vacíos. No había nadie en la calle, así que tomé el carril izquierdo y encendí mi radio. Luego de unos minutos, me percaté de un pequeño auto blanco que se pegaba a mi defensa trasera. Miré por el retrovisor y vi a un hombre de mediana edad que tocaba su claxon mientras se aproximaba de manera nerviosa a mi coche.

El velocímetro indicaba que yo iba a una velocidad de 105 kilómetros por hora.

—Bien, amigo —dije al cambiar de carril—. Tú ganas la carrera. Adelante.

Cambié al carril de la derecha y el hombre se emparejó con mi auto para insultarme levantando el dedo medio y sonando su bocina unas cuantas veces más. Yo hice el intento por no reír ante lo ridículo de la situación. Ya no le estaba estorbando en su camino. Podía seguir adelante. Pero nooooo. Supongo que simplemente quería estar enojado con alguien, porque permaneció allí durante un tiempo que me pareció eterno.

Y luego, por el rabillo del ojo vi algo blanco. Miré a mi izquierda, hacia el coche de ese hombre. El tipo sostenía un cartel que decía: LEY DEL CARRIL IZQUIERDO.

Me tomó un minuto darme cuenta de lo que estaba viendo. Era un cartel fabricado en casa. De hecho, el fulano se había sentado en su casa, había tomado una cartulina, se consiguió un marcador tamaño gigante y creó algo que podría llevar en su auto mientras condujera por la ciudad. Su esperanza era encontrar una persona que fuera al límite de velocidad o más lento en el carril de alta para poder recordarle la temida LEY DEL CARRIL IZQUIERDO y demostrar la excelente factura de su creación.

Qué gigantesco desperdicio de energía.

Pensé en unirme al festejo de "claxonazos y mentadas de madre", pero luego recordé las palabras de Deepak Chopra acerca de "tener la razón". El enojo es enojo, y sigue causando que tu sangre hierva y que se eleve tu frecuencia cardiaca, aunque creas que tu postura es la correcta.

Respiré profundo varias veces e intenté centrarme, con la mano temblando por el deseo de extender mi dedo medio.

¡Esto es tan difícil!

Requerí de una paciencia increíble para *no* reaccionar ante este fulano, hasta que finalmente se alejó. Mi pulso regresó a la normalidad en cuestión de minutos. Pero tuve muchas dificultades para desviar de mi mente la imagen de su enojado rostro.

¿Me pregunto si tiene más carteles en su asiento trasero? ¿Quizá un cartel de "LEY DE LA SEÑAL DE ALTO" o "RECOJA LAS HECES DE SU PERRO"?

Cuando llegué a la filmación vi un gigantesco camión de U-Haul del que estaban descargando kilos de aves congeladas. Había múltiples camionetas y furgonetas distribuidas por toda el área que indicaban su pertenencia a diferentes iglesias y ligas católicas, y docenas de voluntarios cargaban y descargaban al mismo tiempo.

—Esto es increíble —dije, mientras veía todos los alimentos.

—Hola, Jen —escuché la voz de Elizabeth, quien se acercó y me dio un abrazo. Su padre se reunió pronto con nosotras.

—Estoy tan impresionada —comenté a Greg.

—Ayudar a los demás hace que uno se sienta bien —dijo.

Entrevisté a los organizadores y a algunos de los voluntarios. Observé a madres con abrigos desgarrados y sin guantes para el invierno que traían carritos del supermercado llenos de niños, con la esperanza de llenar también esos carritos con comida. Había un hombre que platicaba con Greg y que *despedía* gentileza por los poros. Era el pastor Dan Johnson, y estaba allí para recolectar alimentos para su comunidad de bajos recursos.

—Tenemos que rehabilitar a estos niños —explicaba a Greg—. No tiene que ver con encerrarlos en prisiones, como lo están haciendo. Necesitamos enseñarles ciertas habilidades y decirles que creemos en ellos. Aprendí eso mismo en las calles cuando tenía nueve años. Soy producto del asfalto. Ahora tomo a los niños que están a punto de ser expulsados y les digo a las escuelas: "Dénmelos a mí y yo laboraré con ellos. Los pondré a trabajar y les ayudaré a encontrar aquello que les apasione". Hemos hecho eso con seiscientos niños hasta la fecha. Ahora nos ruegan por ingresar a nuestros programas —concluyó con una sonrisa.

—¿Por qué los medios de comunicación no saben sobre ustedes? —pregunté.

—Oh, esto no se refiere a obtener publicidad —dijo—. Tiene que ver con cambiar vidas. He visto a multitud de predicadores a los que les importa más estar en televisión que ensuciarse las manos. Lo único que quiero es enfocarme en estos niños.

Había empezado mi día escuchando la poco atrayente prédica de Joel Osteen ante más de cincuenta mil personas en un estadio. Ahora estaba frente a un pastor que quizá ayude a unos cuantos cientos de personas al año, pero que ha provocado que quiera ser una mejor persona.

Mi intuición era cierta. *Se* suponía que yo debiera estar en esta filmación.

Un par de semanas después de la grabación empecé a sentir un fuerte dolor en la boca.

—Ve al dentista —dijo Clay.

—No tenemos seguro dental —respondí más como excusa.

Sin embargo, luego de un tiempo no pude seguir ignorando el agudo dolor en el lado izquierdo de mi cara, así que cedí y solicité una cita.

Las tres palabras que nunca esperé escuchar luego de haber cumplido un poco más de 30 años fueron: *necesitas una endodoncia*. Por alguna razón me parecía que éste era un procedimiento que le sucedía a la gente realmente *vieja*. En apariencia no es así.

En un sentido espiritual se supone que los dientes son nuestras antenas. No sé dónde escuché por primera vez esta teoría, pero mi amiga Cindy, cuyo padre es dentista, dice que cuando nos hacen un trabajo dental es una actualización espiritual. Eso me sonaba bien.

La mañana en que se realizaría el procedimiento, me sentía particularmente tensa. Odio las inyecciones y cualquier cosa que implique el uso de una fresa dentro de mi boca. Así que comencé a lanzar quejidos al techo.

Por favor, papá, que no me duela mucho. Y si no se supone que deban realizarme este procedimiento, será mejor que me envíes pronto una señal, porque mi cita es en una hora.

Cuando me preparaba para salir, Britt empezó a ponerse demandante.

—¿Camión anaranjado? —preguntó.

Registramos todo el primer piso en busca del maldito camión, hasta el punto en que me puse a abrir cajones que no había abierto por años, sólo para poder afirmar que lo había intentado todo. No encontré el camión, así que de inmediato distraje a mi hijo con un tazón lleno de moras azules.

—¡Modas zules! —dijo, metiendo la mano en el tazón.

Una cosa que sí encontré durante mi búsqueda fue una antigua fotografía de la boda de mis padres.

Estuve en todas las bodas de mis padres, excepto en la primera, ya que aún no había nacido, así que no es poco común que encuentre por toda la casa fotos de alguna de sus ceremonias nupciales. Sólo existen dos fotografías de su primer matrimonio. Mamá tenía dieciocho años y papá tenía veinte. Mi padre parece aterrorizado y mi madre emocionada. Saqué la foto con una sonrisa y la coloqué en la barra de la cocina antes de salir por la puerta.

Cuando llegué al consultorio para mi endodoncia, tuve de pronto una de mis *intuiciones* sobre llevar conmigo un ejemplar de mi libro.

¿Por qué traería un libro? ¿Para el tipo que me hará la endodoncia? ¿En serio?

Por confusas que sean estas cosas, había aprendido que cuando siento estos impulsos es mejor que los atienda. Sin falla me encuentro con alguien que, por alguna razón, debería tener mi libro.

Por favor, papá, ayúdame a que esto salga bien.

—Vas a sentir un piquetito —dijo el Dr. Weisbart, al tiempo que una aguja del tamaño de mi antebrazo entraba en mi boca.

Empezó a taladrar y luego comenzó a hablar. Siempre me ha parecido gracioso que los dentistas o los cirujanos bucales te hagan preguntas al mismo tiempo que meten enormes instrumentos dentro de tu boca.

—Así que luego de que viniste para la consulta pensé que tu nombre me parecía conocido, de modo que busqué y encontré la relación. Tu papá simplemente me encantaba —dijo—. ¿Hace cuánto que murió?

—Mmmmshhh haaacccce ottttcho añozzzzzzz —farfullé.

—Un buen amigo también murió de un tumor cerebral cuando apenas pasaba los cincuenta años —continuó—. Mi papá murió hace quince años y mi mamá dice que habla con él todo el tiempo, como si tuvieran conversaciones telefónicas o algo por el estilo —rió como si el concepto fuera una locura—. ¿Pero tú has tratado de hablar con tu padre en el Otro Mundo, no es cierto?

Intenté responder al mismo tiempo que él seguía taladrando. Sentía que mis labios se estiraban hasta su máxima expresión.

—Estoy muy interesado en tu libro —dijo—. Por lo común sólo leo historias de misterio y suspenso, pero de verdad siento curiosidad por leerlo. Llega en un buen momento para mí.

Qué gracioso que menciones ese libro.

Señalé hacia la ventana donde había colocado mi bolsa e hice un ademán hacia el libro que ahora sabía que estaba destinado para él.

—Aaaaajjjjjjjjjjaaaaaaá, buuuuusssca adentrrrroooooo —gruñí.

—¡Vaya! ¡¿Me trajiste uno?! De inmediato empezaré a leerlo —dijo encantado.

Mientras atravesaba por el procedimiento, que me hace feliz informar que para mi sorpresa fue menos doloroso de lo que esperaba, me percaté de que todas las canciones que salían de las bocinas del estéreo me recordaban a mi papá, ya fuera porque era algo que tocaba en los teclados con su grupo musical o porque era una de sus favoritas que le gustaba tocar en casa. Fueron tantas canciones seguidas que la situación era casi cómica. Los temores que dieron inicio a mi día ahora eran un recuerdo distante.

Intenté secarme la saliva de la barbilla al dirigirme hacia el mostrador para pagar. Encendí mi BlackBerry® y escuché mis mensajes. Sólo había uno.

—Hola, mi vida, soy tu mamá. Hoy tu padre y yo cumpliríamos cuarenta y tres años de casados. Por supuesto, eso si hubiéramos permanecido juntos, aunque es probable que lo hubiera matado mucho antes de que se enfermara, pero siempre recuerdo nuestro aniversario. Espero que te esté yendo bien este día. Estoy *muuuy* orgullosa de ti.

En vista de que la novocaína me impedía expresarme con claridad, decidí enviarle un correo electrónico rápido:

Querida mamá:
Papá ya me informó que era su aniversario hoy en la mañana antes de salir de casa. Estuvo conmigo también durante mi endodoncia. Luego te cuento.

Besos, yo.

Al llegar a casa y empezar a escribir en mi *blog* las experiencias del día, sonó el teléfono. Era el banco.

—Le estamos llamando sobre su solicitud de cheques para la cuenta del Fondo de Becas Tim Weigel —dijo una voz. Habíamos iniciado un fondo de becas a nombre de mi papá para ayudar a las personas con necesidad económica a pagar su educación. No había indicado una preferencia en cuanto al tamaño de los cheques cuando los solicité varias semanas antes.

¿Qué probabilidad existe de que llamen justo en este momento?

Después, esa misma noche, estaba cenando con mi amigo Jim, el escéptico que piensa que todo lo que experimento es tan sólo una extraña coincidencia y que entorna los ojos cada vez que empiezo con mis cosas de "recibo mensajes de los muertos".

—Sabes que eso no quiere decir nada —apuntó.

—Recapitulemos —respondí—. Empecé mi día encontrando esa fotografía de la boda. El tipo saca a relucir a mi papá muerto. Todas las canciones que tocaron eran las favoritas de mi padre, luego mi mamá me envía un mensaje sobre su aniversario y el banco llama sobre el Fondo Weigel. ¿Y tú piensas que *todo* eso es coincidencia?

—Coincidencia afortunada —insistió.

—¿Sabes qué, deberías tratar de ser más positivo? —dije, tomando un sorbo de mi vino—. Tienes que abrir tu mente a la posibilidad de que no sepamos todo lo que pasa alrededor.

—Me parece muy bien —comentó Jim—. Estoy *positivamente* seguro de que es una coincidencia.

—Bueno, pues yo estoy *positivamente* segura de que todo está conectado de algún modo —afirmé—. Y es mucho más divertido tener mi perspectiva que la tuya.

UN DÍA, cuando se acercaban los meses de festividades de fin de año, recibí una llamada telefónica de mi hermano.

—Creo que el bebé va a llegar antes —dijo. Su primogénito debía nacer el diecinueve de noviembre—. Tengo la sensación de que se va a adelantar.

—Déjame preguntarle a Britt —bromeé. Como en mi familia se sabía que mi hijo gustaba de platicar con su abuelo muerto, me imaginé que esto también pondría a prueba sus habilidades intuitivas.

—Britt, ¿Rafer y Tiffany van a tener a su bebé esta semana? —pregunté. Mi hijo jugaba con su camión en el piso.

—Nop —respondió, sin dudar ni un segundo o quitar la vista de su juguete.

—¿El bebé va a llegar la semana siguiente?

—Nop —repitió sin levantar la vista.

—¿Qué tal la semana siguiente? —pregunté. Ésta sería la semana que estaba prevista para la llegada del bebé.

—Sip —respondió—. El viernes.

Rafer escuchó mi conversación a través del teléfono.

—¡Espero que esté equivocado! —protestó—. Eso sería *después* de la fecha programada. Debe nacer en jueves.

La semana antes del Día de Gracias estaba hablando de nuevo por teléfono con Rafer.

—Si el bebé no llega para el jueves, le induciremos el parto el jueves en la noche —dijo.

—Bien —respondí. Miré a Britt, que estaba comiendo una hamburguesa con queso—. ¿El bebé va a llegar este jueves, Britt? Giró los ojos hacia el techo como si estuviera cansado de responder esta pregunta.

—No mamá, *el viernes* —afirmó.

La noche siguiente salí a cenar con mi amiga Jacquey. Tenía siete meses de embarazo de su primer hijo, y no nos habíamos visto en un par de años. Jacquey vivía ahora en Los Ángeles, pero nos conocimos cuando éramos unas veinteañeras mientras hacíamos un musical infantil para Second City.

—¿Puedes creer que Rafer tendrá a su bebé cualquiera de estos días? —dije.

—¿Ya ves? —rió—. *Todos* cambiamos nuestras prioridades a medida que nos volvemos mayores.

—¿Qué te hizo cambiar de opinión sobre tener hijos? Estabas totalmente opuesta a ello.

—Fue una especie de cambio de mentalidad —respondió—. Me refiero a que reexaminé lo que habían sido los últimos años y todas las audiciones e incertidumbres. Fue como si dijera: "Bueno, ¿qué tengo como prueba de lo que ha sido mi vida? ¿Un montón de audiciones o una familia?". La familia y las relaciones parecían una opción mucho mejor.

—¿No crees que es asombroso lo egocéntricas que éramos cuando teníamos veintitantos años?

Jacquey colocó las manos sobre su estómago perfectamente redondeado. Se veía radiante como futura madre.

—Siempre me comparaba con la persona que tenía junto o me preguntaba si podría hacer más cosas —afirmó, sacudiendo la cabeza a uno y otro lado—. Recuerdo haberme despertado a mitad de la noche en total angustia con la preocupación de *lo que no era*. No creo que alguna vez haya disfrutado en realidad lo que *sí era*.

EL JUEVES diecinueve vino y se fue, y seguíamos sin tener noticias de Rafer acerca del bebé. Así que el viernes por la mañana comenzó la inducción. Todo el día me la pasé enviando textos a mi hermano para pedirle informes, pero no pasaba nada.

—Tiffany sigue en ocho centímetros, pero todavía no puede pujar —informó.

—Tengo una firma de libros esta noche, así que espero que pase antes —escribí—. ¡No quiero perdérmelo!

Therese y yo daríamos una plática en la librería Burke's Books en Ridge Park. Ése es el sitio al que me dirigía cuando recibí la llamada en la que Rafer me informó que CNN lo había contratado, justo después de salir publicado mi primer libro. Esa noche estaba perdida, deprimida y llena de autocompasión. Aunque con toda certeza no tenía todas las respuestas para el momento de mi segunda visita, ahora sabía que mis historias inspiraban a la gente. Todavía no tenía ingresos fijos, pero sí contaba con mucha más confianza que corría por mis venas.

—Están esperando casa llena —conté a Therese, mientras leía un correo electrónico de Pat, la dueña de Burke's—. Pero sólo es porque tú te presentas conmigo —declaré.

—*Vamos* —contestó—. Si *ya* sabes que voy pescada de la cola de tu saco, Thelma.

Therese y yo bromeamos sobre que éramos como las Thelma y Louise del mundo espiritual (sólo que sin el final de *salir volando por el precipicio*).

—¿Adivina qué más?

—¿Qué?

—Creo que tengo un contrato para un libro —dije—. ¿Lo puedes creer?

—¡Es maravilloso! ¡Felicidades!

Al dirigirme a Ridge Park, la noche era clara, la temperatura era cercana a los 10° C y sabía *con exactitud* hacia dónde me encaminaba. No había tormenta de nieve ni tenía un ataque de llanto. Ni Therese trataba de convencerme de que no me lanzara por la ventana. Lo único que necesitaba era recibir una llamada de mi hermano...

BIIIIIIIIIIIIIIP.

De pronto sonó mi BlackBerry®. Estaba a una cuadra de distancia de la librería, así que llegué hasta allí y me estacioné justo donde Therese me hizo detenerme al otro lado de la calle. Miré el texto que me había enviado mi hermano. Heathcliff John Weigel llegó a este mundo. (El libro favorito de Tiffany es *Cumbres borrascosas*, en caso de que pregunten.)

Llamé a Rafer antes de entrar a la librería. Podía escuchar en su voz que estaba rebosante de alegría.

—He estado despierto toda la noche, pero es asombroso. Está hermoso —dijo. Sonaba exhausto—. Britt tenía razón. Sí llegó en viernes.

En vez de la llamada para celebrar un trabajo, ahora anunciaba el desarrollo de una nueva vida.

—¡Soy tía! —anuncié a todo el mundo en Burke's Books.

Todo lo demás parecía irrelevante.

A LA MAÑANA siguiente estaba a punto de salir de la casa a correr, pero decidí que mejor caminaría. Los colores del otoño estaban a plenitud y quería sumergirme en los aromas y paisajes.

Respiré profundamente unas cuantas veces e intenté sacar todo mi estrés con cada exhalación.

—Visualiza la luz blanca que entra en tus pulmones y se distribuye por tu sangre —recordé las palabras de uno de mis CD del maestro John—. Visualízate resplandeciendo en la paz y existencia del amor divino.

La reserva forestal estaba a unas cuantas cuadras de distancia de mi casa y, poco después de ingresar a ella, escuché el crujir de las hojas. Algo caminaba hacia mí. Dirigí la mirada a mi derecha y vi al más hermoso cervatillo hembra. No estaba ni a tres metros de distancia y me veía directamente, con sus enormes ojos cafés y su blanca cola que se agitaba.

Me detuve en seco, pasmada ante su belleza. Nunca había estado tan cerca de una cierva, no digamos frente a una que prácticamente me sonreía. Si hubiera estado corriendo con mi iPod, habría pasado de largo sin mirar atrás. Debido a que elegí caminar y tomar el aire, pude apreciar todo lo que me rodeaba.

—Hola, cosita perfecta —susurré. No echó a correr, sino que mantuvo la vista fija en mis ojos.

Al mirarla, me abrumó una sensación de tranquilidad. En lo que a ella se refería, mi presencia en ese sitio podría haber sido para matarla, pero seguía parada frente a mí, sin temor y disfrutando del momento. Quería *convertirme* en ella, confiada y bella, incluso ante la incertidumbre. De pronto tuve la *certeza* de que todo estaría bien. En verdad. No tenía que preocuparme. Igual que este cervatillo hembra, yo también estaría segura y protegida.

Jen, ninguna de esas tonterías importa.

La cierva parpadeó unas cuantas veces y movió la cola de un lado a otro. Yo no quería respirar por temor a asustarla y que huyera. Sentí una dicha completa. Luego, esa dicha se convirtió en lágrimas.

—Gracias —susurré, con mi pecho agitándose con un llanto liberador—. Gracias.

Cuando llegué a casa luego de la caminata, me senté en el patio trasero. Escuché cómo volaban las hojas con el viento e inhalé el aire del veranillo de San Martín (*Indian Summer*).* Era fresco y conocido. Me recosté en la silla y miré al cielo. Las hojas amarillas y cobrizas pendían sobre mi cabeza como una espléndida pintura. Por primera vez en un tiempo era capaz de sentir mi vida.

No corras demasiado rápido, Jen. Quizá te pierdas de algo hermoso.

---

* Creencia popular extendida en varias zonas del planeta, respecto al episodio meteorológico anual en otoño, cuando hay varios días de clima muy agradable.

CAPÍTULO 13

Eres suficiente

☞ *Siempre haz tu mejor esfuerzo*

Anuncio en la Iglesia Buenas Nuevas
de las Asambleas de Dios:

NO TENGAS UNA
MENTE TAN ABIERTA
QUE SE TE SALGA
EL CEREBRO.

—HOLA, JEN, soy Susan —dijo mi agente de doblajes—. Necesito ver si estás disponible para un comercial de Bonefish Grill.

—¡Viva!— grité a Clay desde las escaleras—. ¡Me dieron otro anuncio de Bonefish!

—Gracias, Universo —gritó como respuesta.

Era un anuncio para radio de una cadena de restaurantes de Estados Unidos.

—Mami, no teléfono —mi hijo me estaba lanzando miradas al verme tomar mi BlackBerry®—. Ven —dijo, mientras daba golpecitos en el asiento junto a él.

Una de las cosas que más me desagradaba cuando niña era que mi papá siempre parecía estar distraído. Cada vez que íbamos a tener una conversación durante la cena, dirigía la vista por encima de mi cabeza y escuchaba a medias lo que yo le estaba diciendo. Juré que nunca sería como él cuando me volviera madre. Sin embargo, también soy una adicta al BlackBerry®.

Siempre haz tu mejor esfuerzo.

Éste era otro de los Cuatro Acuerdos de don Miguel Ruiz, y me resultaba particularmente difícil de seguir. Ya sea que se estén lavando los platos o se cante en un escenario, don Miguel piensa que se debe prestar total atención y enfoque a esa tarea y *siempre hacer lo mejor posible*. En otras palabras, *no* están permitidas las multitareas.

Me senté con Britt en el sofá y escuché en diversas ocasiones las vibraciones de mi BlackBerry®. Como estaba fuera de mi alcance, no podía echar siquiera una mirada. Curious George estaba en la televisión. Había visto el mismo episodio setenta y cinco veces, y me resulta casi imposible parecer entusiasmada ante la exhibición de la misma caricatura, pero intenté que no se notara.

—George es chistoso —dijo Britt, luego de ver cómo intentaba hacer abono orgánico.

El BlackBerry® continuó vibrando. Ahora era una llamada de alguien, lo cual hacía que el aparato se sacudiera incluso más.

Abracé a Britt e intenté no ceder a la tentación, entonces sonó el teléfono fijo. En estos tiempos nadie llama al teléfono de la casa, así que debía ser realmente importante.

—Espera un momento, cariño —dije a Britt, mientras me levantaba de mi asiento—. ¿Hola?

—¡Nos quieren contratar para una conferencia! —era Therese y estaba muy entusiasmada.

—¡Gracias, Universo! —grité al cielo.

A Therese y a mí nos habían pedido que diéramos varias charlas en el Wilmette Theater, justo al norte de Chicago.

—¿Nos podemos ver en Love's Yogurt hoy a las cuatro y media para ponernos de acuerdo? —preguntó.

—Claro —respondí—. Tengo una sesión de grabación a las dos, así que tengo buen tiempo para llegar allí.

—Nos vemos entonces.

LLEGUÉ A MI sesión de grabación con unos cuantos minutos de anticipación, así que me senté en la sala de espera e intenté concentrarme. Desde la debacle de Duncan Hines, empecé a tener dudas sobre mis habilidades como locutora. Era momento de regresar a la cancha.

Gracias, Universo, por ayudarme a hacer mi mejor esfuerzo.

Recordé una cita de mi entrevista con una médium llamada Stacy Wells.

—Tu capacidad para generar ingresos por tus servicios provendrá de cómo te sientas acerca de ti misma en tu interior, y si te sientes merecedora y digna de ello —dijo—. Todo se relaciona con el momento en que seas independiente en términos emocionales y no necesites confirmación *de ninguna fuente externa.* Y quieras experimentar la sensación de convertirte en tu propia fuente de reafirmación.

Medité un momento en lo que me había dicho.

Mi propia fuente de reafirmación.

Siempre me había sido difícil alcanzar una sensación de tranquilidad por mí misma. Decidí que, sin tomar en cuenta lo que me dijera la gente en el estudio de grabación, era una profesional y hacía bien mi trabajo, sin importar sus comentarios.

BZZZZZZZZZZZZ.

Mi BlackBerry® estaba vibrando. Miré a la pantalla y era una llamada de Clay.

—¿Hola? —susurré, para no atraer la atención.

—¿Qué haces? —preguntó.

—Voy a entrar a una sesión de locución y estoy volviéndome loca.

—¿Por qué?

—Estoy preocupada de que no les guste mi estilo.

—No importa lo que digan, porque estás haciendo tu mejor esfuerzo.

—Gracias, necesitaba escuchar eso. Luego te llamo.

En ese momento un hombre joven entró en la sala de espera.

—¿Eres Jenniffer Weigel? —preguntó.

Bravo, no dijo "Güigol"

—Sí —respondí. Íbamos por buen camino, ya que había pronunciado bien mi apellido.

Entramos en la cabina y ajustó el micrófono a mi estatura. Miré a través del vidrio, y vi a otros tres hombres sentados al otro lado. Parecían tener cerca de treinta años.

—Jenniffer —dijo uno de ellos—. El texto está frente a ti. Hoy leerás dos anuncios.

¿Dos anuncios? ¡¿Qué mejor?!

Iba a leer un comercial para las fiestas y se suponía que el texto era una especie de monólogo interior.

—Cuando estés lista —dijo el ingeniero de sonido—. Sólo lee de corrido uno de los anuncios a la vez y veremos cómo va la cosa.

—Bien —dije.

—Aquí vamos, toma uno —indicó el ingeniero.

Siempre haz tu mejor esfuerzo.

El texto del comercial era gracioso. Una de mis líneas era: "Estoy en la lista de las niñas malas". Leí todas las líneas y miré a través de la ventana. Los tres hombres se veían entre sí. Parecían complacidos.

—Eso está fabuloso —dijo uno de ellos—. Vamos a hacerlo de nuevo, y tan sólo exprésate con un tono un poco más divertido.

—De acuerdo —contesté.

—Bien, Bonefish Grill, toma dos —dijo el ingeniero.

Las leí de nuevo. Me sentía realmente bien con el trabajo que estaba haciendo. Dirigí la vista hacia los tres hombres, que se miraban entre sí. Uno de ellos se inclinó hacia el botón de intercomunicación.

—Eso estuvo completamente perfecto —afirmó—. Creo que lo tenemos.

Consulté mi reloj. Habían pasado seis minutos.

Al salir de la sesión, llamé a mi agente de locución. La propietaria de la agencia, Linda Jack, fue quien respondió al teléfono.

—Hola, Linda, soy Jen Weigel —dije.

—Hola, Jen, ¿no debías estar en una sesión en este momento?

—Ya terminé.

—Eso fue rápido.

—Ah, y son dos anuncios y no uno. Quería avisarte para que te aseguraras de entregar la documentación correcta —concluí.

—¡Bravo! —dijo con gran ánimo—. Bonito regalo para las fiestas, ¿no?

—Claro que sí.

En vista de que contaba con tanto tiempo de sobra, decidí invitarme a mí misma a comer. Chicago es precioso durante las festividades de fin de año. Me paseé por Macy's (aunque mi preferida siempre ha sido Marshall Field's) y vi los adornos de los escaparates. Hay algo en el *aroma* de la ciudad durante la temporada de Navidad que me hace sentir llena de emociones placenteras. Desde el popurrí en la tienda hasta la sidra caliente que venden en el mercado navideño, apenas podía sentir el frío mientras paseaba entre los cuerpos de cientos de desconocidos.

Me senté en una banca cerca de Daley Plaza y tomé unos sorbos de café. Había un hombre que tocaba una campana a unos cuantos metros de mí. Cantaba y sonreía, a pesar de las temperaturas por debajo de cero grados. Observé cómo actuaba con cada uno de sus clientes. Sin importar si le daban dinero o no, estaba completamente dichoso.

—Feliz Navidad, querida amiga —dijo a una mujer que entraba a la tienda y que lo ignoró.

Eso sí es hacer tu mejor esfuerzo.

Cuando un rato después entré a Love's para reunirme con Therese, ella sonreía de oreja a oreja.

—Entonces, cuéntame los detalles —dije, al tiempo que nos sentábamos.

—Dicen que podemos hablar de lo que queramos —declaró—. Llevaré volantes del Center for Intuitive Education y podemos darlos cuando vendas tus libros en el vestíbulo después de la presentación. ¿Estás lista para cambiarle la vida a alguien, Nellie Bly? ¡Vamos en camino!

—Es increíble —comenté.

—Por cierto —dijo Therese y me miró de arriba abajo—. Qué bien te ves.

—Me bañé —bromeé.

—No, me refiero en sentido energético. No creo que te haya visto tan *centrada*.

—Me *siento* realmente bien.

—Resplandeces con una luz totalmente nueva. Veo que esta energía te atraviesa y es muy hermosa. Me muestra la luz que has estado emanando toda tu vida. Y estás aumentando la frecuencia de tu conciencia y de tu percepción acerca del amor y la entrega.

Me pregunté si esto tenía algo que ver con los baldes de *Flashdance* que me había estado tirando encima a últimas fechas.

Therese bostezó e inclinó la cabeza ligeramente hacia un lado. Supuse que iba a recibir una lectura en ese preciso momento, ¡lo cual en mi opinión estaba bien!

—Ya no eres una persona que se esté esforzando por que *otros* te conozcan, te vean o te entiendan. Ahora este espíritu te ha comprendido a un nivel tan íntimo, que ya no es necesario que te preocupes por nadie más en este planeta. La vieja manera en que equiparabas tu valía por la retroalimentación que recibías se *acabó*.

Tenía razón. Durante muchos años pensé que mi situación laboral era lo que me definía. Ahora *sé*, y en realidad siento, que es parte de mi *conocimiento*, que mis *relaciones interpersonales* son lo que más importa.

Therese sopló hacia un lado un par de veces. Miré alrededor de nosotras. Éramos las únicas personas en todo el restaurante, de modo que no había nadie que nos viera fijamente.

—Muy bien, tu papá está aquí —continuó, dirigiendo la mirada detrás de mí.

No había *hablado* con mi papá, por lo menos por medio de Therese, desde que ella y yo nos conocimos en 2001, cuando estaba haciendo la investigación para mi primer libro. Por supuesto que a veces hablaba hasta por los codos hacia el aire, pensando que charlaba con mi padre. Sentía que me había enviado señales y tuve aquel sueño donde me telefoneó al bar, pero en cuanto se refería a las "conversaciones con papá desde el Otro Mundo" no había tenido ninguna.

—Me muestra que tiene mucho orgullo y admiración por tu espíritu, y por el trabajo que has hecho contigo misma. Dice: "¡Yo nunca lo hubiera podido enfrentar!". Lo superaste en el plano espiritual —sonrió, como si acabara de oír un chiste—. Está diciendo: "¿Me dejas pasar a tu mansión?". Comenta que el tipo de mansiones que estás creando al nivel espiritual superan a la que tendrías derecho, pero que no obtuviste en esta vida. Cada vez que le llegas al corazón a alguna persona y eliges el camino difícil o de la humildad, eso añade más habitaciones a esa mansión del espíritu.

Therese hizo un par de chasquidos y luego dirigió la vista a su lado.

—Él era rico en el exterior, pero pobre al interior; dice que tú eres muy rica en tu interior, y aunque por fuera pareciera que eres más pobre, estás avanzando hacia ese sitio interior donde estos cambios se integran y se convierten en un núcleo sólido dentro de ti. Tu riqueza *interna* se reflejará después en tu vida. Se crea *de adentro hacia fuera* y no *de afuera hacia adentro*.

Therese señaló a la parte media de mi cuerpo.

—Esos son tu tercero y segundo chakras: identidad y autoestima. La lección de tu alma es tu capacidad para verte a ti misma como un cervatillo, como la cierva; tu capacidad para ver la belleza, la generosidad y el corazón magnífico de la madre divina que tú eres.

No podía creer que mencionara a la cierva. Cuando me sentía perdida o preocupada, todavía pensaba en sus grandes ojos cafés que mostraban una completa confianza en mí.

—Me dice que el recorrido de los seres humanos es para acumular experiencias, lo cual representa cometer errores, sentir. No tiene que ver con encontrar una línea directa al cielo; se refiere a caer y volverse a levantar, siempre y cuando conserves tu sentido del humor.

Therese bostezó e inclinó de nuevo su cabeza hacia un lado.

—Estoy viendo a Britt. Me muestra a Britt. Tu papá dice: "Lo único que Britt necesita en este momento es que lo abraces. Tu presencia y tus abrazos. Tú tienes la posibilidad de estar con él de un modo que yo no pude estarlo para ti".

Pensé en esa mañana y en cómo Britt me había pedido que me sentara con él. Empecé a entristecerme por haberlo decepcionado.

Therese respiró profundamente unas cuantas veces y prosiguió.

—Me dice: "Ahora tú y yo sabemos que todo el mundo es precioso, y que todos somos iguales. Sea una estrella de Hollywood o un indigente, sabemos eso" —dijo con el mismo tono de voz de mi padre—. "Existen posibilidades más allá de lo que puedas imaginarte que se manifestarán a través de tu confianza. *Tú eres el cielo,*

así que de ahora en adelante *envía señales* al Cielo, en vez de esperar que el Cielo *te envíe señales* a ti; así es como concluyes este
tiempo. Estás lista para el siguiente".

Therese rió.

—Eso del tiempo tiene un doble significado, tanto de un platillo
como del momento de aprender. Este espíritu es tan gracioso —afirmó, exhalando con rapidez unas cuantas veces—. Me presenta un
baúl de monedas de oro; eso es lo que te enriquece: las experiencias. Una vez que sepas quién eres, *no necesitarás* las monedas de
oro, tú eres suficiente. Ésa es toda la riqueza de la vida. *Eres lo único
que necesitas. Todo lo que necesitas está dentro de ti.*

SUBÍ AL auto para dirigirme a casa. Encendí mi BlackBerry® y vi un
correo electrónico de mi mamá.

> Kathleen Worthington te ha reenviado este listado de anuncios cla-
> sificados.

¡Por Dios!

> Se solicitan presentadores y productores para programas de televi-
> sión. Estamos buscando presentadores y productores entusiastas y
> creativos.

Bajé en la lista para ver si el puesto implicaba algún tipo de ingresos.

—Es un puesto con sueldo —decía al final.

¡Bravo! ¡Nos estamos acercando!

De inmediato respondí al vínculo y luego empecé a dirigirme a
casa. En ese momento sonó mi teléfono.

—¿Hola? —dije.

—Hola, sintoniza en este momento WGN —dijo Clay.

Cambié de estaciones en mi radio y escuché a una persona que sonaba como si nunca hubiera estado al aire, por la manera como tro-
pezaba con sus propias palabras.

—¿Qué es esto? —pregunté.

—El programa de radio que no te dieron —respondió—. Es simplemente *horrible* —rió—. Tienen a estos escritores que están conversando sobre sus *blogs* y responden con monosílabos. Es un completo desastre. Tienes suerte de no haber conseguido ese trabajo.

—Vamos —respondí, sintiendo pena por el escritor que tartamudeaba en la radio—. Están haciendo su mejor esfuerzo.

—Sí, pero su mejor esfuerzo no es suficiente. Bueno, tengo que ir a recoger a Britt. Sólo quería que sintonizaras la estación un momento. Te veré en casa.

—Muy bien, adiós —dije y colgué.

—¿Así que tu *blog* trata sobre las razones por las que no tienes un automóvil? —escuché que el presentador preguntaba a su entrevistado.

—Sí —dijo la otra voz.

Hubo una incómoda pausa que pareció durar una eternidad. Apagué la radio.

A veces una fuerte decepción termina siendo una bendición oculta.

—Gracias anticipadas por el trabajo que me permite ser yo misma, expresar mi creatividad y pagar mi hipoteca —grité hacia el cielo mientras zigzagueaba entre el tránsito.

Al llegar a casa vi la pantalla de mi BlackBerry® y me di cuenta de que tenía un correo electrónico. Era de las personas a las que acababa de enviar un mensaje por el anuncio. Vieron mi sitio web y deseaban analizar la posibilidad de que participáramos en futuros proyectos.

¡Eso fue rápido!

DESPUÉS, ESA misma noche, Britt y yo nos disponíamos a ver *Un cuento de Navidad* o, como él le llamaba, la "película del señor tonto", cuando sonó mi BlackBerry®. Escuché su vibración sobre la mesita de café. BZZZZZZ... Fui hasta el aparato, lo tomé y pulsé el botón de apagado.

—¡Ese señor me da miedo, mami! —dijo Britt y señaló a Scott Farkas, que intentaba golpear a Ralphy. Tomé el control remoto, adelanté las escenas amenazantes y me volví a sentar en el sofá.

—Vamos a abrazarnos —dijo Britt, mientras apretaba su Binkers.

Miré por la ventana y observé a Clay que colgaba suficientes luces navideñas en nuestros arbustos como para causar la envidia de Clark Griswold. Estreché con fuerza a mi hijo entre mis brazos y besé su linda cabecita mientras nos mecíamos.

Estaba *haciendo mi mejor esfuerzo* por ser la mamá de Britt. Y todo estaba bien en el mundo.

Epílogo

MIENTRAS escribía este libro me encontré ante un espantoso caso de bloqueo al llegar a la parte que trata sobre Millard Fuller en San Diego. Parte de mí estaba abrumada por la pena de su muerte, por no poder llamarle y rememorar la conferencia. Otra parte estaba en pánico porque tenía una fecha límite que debía cumplir.

Salí a caminar para respirar un poco de aire fresco y empecé a platicar con él.

—Oye, Millard, no sé si puedas escucharme. Es probable que en este momento estés ayudando a construir algunas casas para los niños necesitados en el Cielo. Pero si estás allí y puedes inspirarme aunque sea por un momento, te estaría muy agradecida. Eres todo un ángel. Te agradezco de antemano por siquiera considerar esta petición.

Regresé a mi estudio y me senté ante la computadora. Escribí durante las siguientes horas sin salir a tomar el aire. Mi recuerdo sobre los acontecimientos alrededor de Millard era claro como el agua; de nuevo podía saborear el gusto del pescado que cenamos en aquella ocasión.

A la mañana siguiente volví a leer el capítulo y sonreí con satisfacción. De pronto sonó mi BlackBerry®. Vi la pantalla y leí el último correo electrónico.

Del Fuller Center for Housing...

Frente a mis ojos estaba un correo de la organización de Millard. Nunca antes había recibido un mensaje de ellos, pero ahora era destinataria de su boletín.

¡Ese detalle estuvo bueno, Millard!

Sea que se le considere como una coincidencia o como un mensaje desde planos superiores, el momento era perfecto. Supe que todo lo demás en el libro se ajustaría con precisión. Bajé por la pantalla a otro correo enviado por una persona que no reconocí.

Estimada Jen:
Quería escribirte para hacerte una pregunta sobre el juicio moral. Me criaron dentro del catolicismo y con culpa acerca de todo. Soy madre soltera y, debido a la difícil economía del país, tuve que recurrir a tomar un segundo empleo como bailarina en un local de *striptease*. ¿Eso significa que iré al infierno?

Nunca esperé convertirme en una bailarina. El padre de mi hijo me abandonó y mi familia no me dirige la palabra porque me embaracé antes de estar casada. Tuve la bendición de tener una buena figura y alguien me sugirió que bailara, porque la paga es buena.

Ahora soy capaz de proveer el sustento, pero todos los días siento que Dios me mira con desagrado por las decisiones que he tomado. No bebo. No uso drogas. No me acuesto con cualquiera. Sin embargo, por la simple razón de que camino por allí con una tanga para tener un sueldo, me preocupa que terminaré ardiendo en los infiernos.

Sé que has entrevistado a varios gurús y, para ser franca, no tengo la energía para leer cuando regreso a casa. Es un tanto sorprendente que haya leído *tu* libro, pero no lo sentí como si fuera un libro, porque me hizo reír muchísimo. De cualquier modo, gracias por tomarte el tiempo para responderme esta carta, si eso te es posible. En verdad te estaría agradecida.
Saludos,
"Bailarina de los suburbios".

De inmediato pulsé "responder" y escribí mi contestación.

Estimada "Bailarina de los suburbios":
Siento mucho que tengas tanta culpa por tus decisiones. Sé por varias entrevistas, no sólo con gurús sino también con sacerdotes ca-

tólicos, que el hombre juzga mucho más que Dios mismo. Pareces
ser una madre dedicada que tiene algunos familiares desagradables
que están perdidos en un sistema de castigo y repetición. ¿No sería
maravilloso que se tomaran un minuto para sentir tu amor, en vez
de señalarte con el dedo desde el primer banco de la iglesia? Creo que
todos hacemos lo mejor que podemos en todo momento. Y que Dios
te ama... aunque cuelgues de un poste de *striptease*.
¡Sigue en contacto!
Jen

GRACIAS ANTICIPADAS, Universo, por inspirar a aquellos que lean este
libro y por ayudarles a recordar que nunca estamos solos. Y si realmente quieres elevar tu vibración o la vibración de quienes te rodean, no te molestes en ir a un retiro espiritual o a una limpieza
mística de tres semanas. Simplemente ten a mano un balde de energía de *Flashdance* y estarás en muy buena forma.

Agradecimientos

Tratar de agradecer a las personas por su ayuda para este libro es una tarea de enormes proporciones... ¿Lo hago en orden alfabético, para que nadie se moleste por el lugar donde quedaron en la lista? ¿Quizá debería agradecer a la gente por como aparecieron en la historia? (El problema es que algunas personas me pidieron que cambiara su nombre, así que si le agradezco a "James", no existe nadie con ese nombre que lea esto y diga "Vaya, qué fabuloso que me reconozcan en la sección de agradecimientos".) Aun peor es que le he pedido a mucha gente que hagan comentarios para la contraportada del libro, pero todavía no hemos sabido de muchos de ellos. ¿Pueden ver el dilema?

Este libro no sería posible sin Greg Brandenburgh. Desde el primer día creyó en mi perspectiva humorística acerca de la espiritualidad y luego consiguió que Amber Guetebier colaborara con nosotros, una editora increíble y una "chica fabulosa" en general. (Un beneficio adicional es que me dieron una razón para visitar San Francisco, lo cual inspiró mi trabajo y alimentó mi alma.) Todas las personas en Red Wheel Weiser y Hampton Roads han sido muy profesionales y me dieron mucho apoyo, en especial Tania Seymour, Bonni Hamilton y Rachel Leach.

Agradezco a mi agente literario, Bill Gladstone, por no abandonarme hasta que me encontró una editorial para mi primer libro, *Stay Tuned* (Sigue en sintonía). No existiría un segundo libro si no fuera por la ayuda de Bill con el primero.

Si no hubiera conocido a Therese Rowley, lo más probable es que estaría produciendo de manera automática una serie de noticias fundadas en el temor, para alguna cadena importante y odiaría cada minuto de ello. Therese utiliza sus dones en forma desinteresada y sus sabios discernimientos me dieron LA MAYOR PARTE de mi material. Caroline Myss, Deepak Chopra, don Miguel Ruiz, Wayne Dyer, la doctora Judith Orloff, Liz Gilbert y el Maestro John Douglas son otros individuos cuyas enseñanzas proporcionaron las experiencias que ahora forman los capítulos en este libro.

Mis amigos en los medios de comunicación: Richard Roeper, John St. Augustine, Steve Cochran, Falise Platt, Linda Jack, Rick Kogan, Eric Furguson, Jonathan Brandmeier, Sam Samuelson y Laura Caldwell me ayudaron a correr la voz sobre el nuevo rumbo de mi carrera profesional. Su generosidad ha cambiado vidas.

Mi esposo Clay y mi hijo Britt siempre estuvieron allí para recordarme que me aman sin condición. Gracias a Teddi, Rafer, Tiffany, mamá, Martha y todos los Champlin, Weigel, Worthington y Britt que apoyaron mis aventuras. Gracias también para los Mencoff y Minasian por tratarme siempre como si fuera de su familia.

Agradezco a todos los que compartieron sus historias conmigo y que me permitieron integrarlas a este libro.

Y para todos aquellos que se esfuerzan por encontrar su camino en un mundo lleno de juicios morales y dolor: busquen los signos, recuerden la risa y dejen de castigarse a sí mismos.

Porque, ¡con un demonio!, todos merecemos buscar la espiritualidad.